O CONTRATO DE PATROCÍNIO ATIVO NA ADMINISTRAÇÃO PÚBLICA

FUNDAMENTOS, REGIME JURÍDICO E CONTROLE DA ATIVIDADE PATROCINADORA DO ESTADO

DIEGO PRANDINO

Prefácio
Weder de Oliveira

Apresentação
Thiago Marrara

O CONTRATO DE PATROCÍNIO ATIVO NA ADMINISTRAÇÃO PÚBLICA

FUNDAMENTOS, REGIME JURÍDICO E CONTROLE DA ATIVIDADE PATROCINADORA DO ESTADO

Belo Horizonte

2018

© 2018 Editora Fórum Ltda..

É proibida a reprodução total ou parcial desta obra, por qualquer meio eletrônico, inclusive por processos xerográficos, sem autorização expressa do Editor.

Conselho Editorial

Adilson Abreu Dallari
Alécia Paolucci Nogueira Bicalho
Alexandre Coutinho Pagliarini
André Ramos Tavares
Carlos Ayres Britto
Carlos Mário da Silva Velloso
Cármen Lúcia Antunes Rocha
Cesar Augusto Guimarães Pereira
Clovis Beznos
Cristiana Fortini
Dinorá Adelaide Musetti Grotti
Diogo de Figueiredo Moreira Neto
Egon Bockmann Moreira
Emerson Gabardo
Fabrício Motta
Fernando Rossi
Flávio Henrique Unes Pereira

Floriano de Azevedo Marques Neto
Gustavo Justino de Oliveira
Inês Virgínia Prado Soares
Jorge Ulisses Jacoby Fernandes
Juarez Freitas
Luciano Ferraz
Lúcio Delfino
Marcia Carla Pereira Ribeiro
Márcio Cammarosano
Marcos Ehrhardt Jr.
Maria Sylvia Zanella Di Pietro
Ney José de Freitas
Oswaldo Othon de Pontes Saraiva Filho
Paulo Modesto
Romeu Felipe Bacellar Filho
Sérgio Guerra
Walber de Moura Agra

Luís Cláudio Rodrigues Ferreira
Presidente e Editor

Coordenação editorial: Leonardo Eustáquio Siqueira Araújo

Av. Afonso Pena, 2770 – 15º andar – Savassi – CEP 30130-012
Belo Horizonte – Minas Gerais – Tel.: (31) 2121.4900 / 2121.4949
www.editoraforum.com.br – editoraforum@editoraforum.com.br

P899c   Prandino, Diego

          O contrato de patrocínio ativo na Administração Pública: fundamentos, regime jurídico e controle da atividade patrocinadora do Estado / Diego Prandino.– Belo Horizonte : Fórum, 2018.

          173 p.
          ISBN: 978-85-450-0475-2

          1. Direito Administrativo. 2. Contratos Administrativos. I. Título.

CDD 341.3
CDU 342

Informação bibliográfica deste livro, conforme a NBR 6023:2002 da Associação Brasileira de Normas Técnicas (ABNT):

PRANDINO, Diego. *O contrato de patrocínio ativo na Administração Pública*: fundamentos, regime jurídico e controle da atividade patrocinadora do Estado. Belo Horizonte: Fórum, 2018. 173 p. ISBN 978-85-450-0475-2.

Às minhas meninas, Roberta e Giovanna, por toda paciência, compreensão e pelo apoio demonstrado durante o tempo em que estive ausente trabalhando neste e em outros projetos.

AGRADECIMENTOS

É com enorme gratidão que finalizo mais este trabalho. A maior felicidade é, ao concluí-lo, dirigir meu mais sincero agradecimento à minha esposa, Roberta Emmel, que, além de retribuir com amor, paciência e ternura cada ausência minha ao longo da pesquisa que originou a presente obra, presenteou-me com a Giovanna. Sem dúvida, a essas mulheres – Roberta e Giovanna – rendo toda a minha gratidão e o meu amor.

Agradeço ao Ministro do TCU e Professor Weder de Oliveira a paciência ofertada ao longo da pesquisa. Sem dúvida, é uma grande honra tê-lo como subscritor do Prefácio a esta obra.

Seguem também meus agradecimentos ao Professor Thiago Marrara. Suas riquíssimas observações e contribuições ampliaram meus horizontes acadêmicos e constituíram importante embrião para o desenvolvimento de pesquisas ulteriores. Igualmente, sinto-me honrado por ter um dos maiores administrativistas brasileiros da atualidade subscrevendo a Apresentação desta obra.

Ao Professor Daniel Gustavo Falcão Pimentel dos Reis, que, além de excepcional docente, mostrou-se um grande amigo e apoiador de maiores voos acadêmicos. Sem sua confiança e seu apoio, o nascimento desta obra certamente seria dificultado.

Aos Professores Marcos Augusto Perez, Rodrigo Pagani de Souza e José Maurício Conti, pelos debates no âmbito das disciplinas *Atividade Administrativa de Fomento* e *Controle da Gestão Pública à Luz dos Direitos Administrativo e Financeiro*, ministradas na pós-graduação em Direito do Estado na Universidade de São Paulo.

A Dionata Luis Holdefer, grande amigo colhido ainda nos tempos do TCDF, com quem debati, por diversas vezes, assuntos relacionados ao tema desta obra.

Ao também amigo da época de TCDF, Flávio Figueiredo Cardoso, com quem tive o prazer de trabalhar e aprender, bem como de discutir estudo de menor fôlego que viria a ser o embrião desta pesquisa.

Ao Professor Paulo Mendes de Oliveira, sempre disposto a bons debates acadêmicos, pela sua contribuição pontual, mas cirúrgica, para a elaboração desta obra.

À amiga Aline Rente, pelo suporte na tradução e intelecção de alguns excertos em língua italiana.

Agradeço, por fim, aos demais familiares, amigos e professores que, de alguma maneira, contribuíram para o desenvolvimento e para a conclusão desta obra. Ainda que não os tenha citado nominalmente, cada um de vocês sabe o quanto foi importante. A vocês, minha eterna gratidão.

Legitimacy depends not only on showing that actions accomplish appropriate objectives, but also that actors behave in accordance with legitimate procedures ingrained in a culture. There is, furthermore, no perfect positive correlation between political effectiveness and normative validity. The legitimacy of structures, processes, and substantive efficiency do not necessarily coincide. There are illegitimate but technically efficient means, as well as legitimate but inefficient means. In this perspective, institutions and forms of government are assessed partly according to their ability to foster the virtue and intelligence of the community. That is, how they impact citizens' identities, character, and preferences — the kind of person they are and want to be.[1]

Quando o Direito ignora a realidade, a realidade se vinga, ignorando o Direito.[2]

---

[1] MARCH, James G.; OLSEN, Johan P. Elaborating the "new institutionalism". In: RHODES, R. A. W; BINDER, Sarah A.; ROCKMAN, Bert A. (Eds.). *The Oxford handbook of political institutions.* Nova Iorque: Oxford University Press, 2006. p.10.

[2] RIPERT, Georges. *Aspectos jurídicos do capitalismo moderno.* Campinas: Red Livros, 2002. p. 33.

SUMÁRIO

PREFÁCIO 13

APRESENTAÇÃO 17

CAPÍTULO 1
INTRODUÇÃO 21

CAPÍTULO 2
O PATROCÍNIO 29
2.1 Definição 29
2.2 O contrato de patrocínio 33
2.2.1 A atipicidade do contrato de patrocínio 33
2.2.2 Caracterização do contrato de patrocínio 35
2.2.3 Distinção entre o patrocínio e a prestação de serviços 39
2.2.4 Distinção entre o patrocínio, o mecenato e a doação 40
2.2.5 Distinção entre o patrocínio e a compra e venda 44

CAPÍTULO 3
O PATROCÍNIO ATIVO NO ÂMBITO
DA ADMINISTRAÇÃO PÚBLICA 49
3.1 Considerações preliminares 50
3.3.1 A celebração de contratos atípicos pela Administração Pública 50
3.1.2 O patrocínio ativo estatal: natureza contratual ou de convênio? 53
3.1.3 Publicidade na Administração Pública 62
3.2 A atividade patrocinadora da Administração Pública 68
3.3 O quadro normativo vigente no Brasil 72
3.4 A finalidade do patrocínio ativo estatal 83
3.4.1 Instrumento de *marketing* comercial 85

3.4.2 Instrumento de fomento social 91

3.4.3 Instrumento de legitimação da atuação estatal 105

CAPÍTULO 4
REGIME JURÍDICO DO PATROCÍNIO ATIVO
DA ADMINISTRAÇÃO PÚBLICA 115

4.1 Sujeição às normas gerais de licitação 117

4.2 Sujeição às normas gerais de contratos
administrativos 126

4.3 Vinculação ao interesse público 131

4.4 Pertinência temática 134

4.5 Vinculação dos recursos ao objeto patrocinado 138

4.6 Prestação de contas 142

4.7 Avaliação de resultados 147

4.8 Subsidiariedade, repartição de riscos e multiplicidade
de contratos de patrocínio ativo 150

CONCLUSÃO
O ATUAL ESTÁGIO DO CONTROLE
DOS PATROCÍNIOS ATIVOS DA
ADMINISTRAÇÃO 157

REFERÊNCIAS 165

PREFÁCIO

Diego Prandino, jovem autor de imenso potencial, com quem colaborei, como orientador, na graduação em Direito, teve a feliz iniciativa de dedicar-se a um tema que ganha relevância na doutrina administrativista e do Direito Financeiro. Os contratos de patrocínio, instrumento de ação governamental de expressiva materialidade (mais de 10 bilhões de reais entre 2009 e 2016, apenas na esfera federal) estão à espera de estudos novos, mais explicativos e pragmaticamente úteis, lacuna em boa medida preenchida com este importante livro, abrangente e objetivo. Patrocinar é um dos muitos modos de atuação da administração. E é um daqueles modos que não se encaixam em institutos jurídicos consolidados e que, resistindo às tentativas de enquadramento nos escaninhos normativos preexistentes (como os contratos administrativos regidos pela Lei nº 8.666/1993 e os convênios), transborda de perplexidades insolúveis por essas modelagens.

Os contratos de patrocínio ora se parecem com convênios, ora neles se veem os contornos jurídicos contratuais típicos. Ambas as fórmulas, como bem demonstram análises de acórdãos dos tribunais de contas, não servem nem à segurança jurídica dos jurisdicionados nem à consistência dos encaminhamentos e decisões dessas instituições de fiscalização.

Dúvidas e ambiguidades são típicas desse instrumento de atuação do poder público, destacadas, entre tantas questões que a temática põe aos pareceristas, gestores e controladores, as seguintes: cabe exigir do patrocinado prestação de contas à semelhança dos convênios? Não há que se exigir prestação de contas, à semelhança dos contratos administrativos? Pode a administração celebrar contrato de patrocínio visando à "divulgação ou publicidade institucional"?

Esse incômodo analítico encontra registro nesta passagem do voto do ministro-relator do acórdão nº 2.914/2015-Plenário do Tribunal de Contas da União:

> De fato, o tema requer uma análise diferenciada em função das circunstâncias particulares de cada caso. A dificuldade de análise por parte do

> patrocinador, como também por parte deste Tribunal para os eventos de patrocínios está, exatamente, nos "pactos de diferentes naturezas, revelando as circunstâncias particulares de cada caso concreto, acima da designação que eventualmente se lhe tenha dado, se o acordo firmado cuida de contrato ou de convênio", como muito bem asseverou no Representante do *Parquet* especializado.
>
> No caso de contrato, não há que se falar em prestação de contas quanto à destinação dos recursos, já que se deve acompanhar, cobrar, certificar-se do adimplemento, por parte da contratada, das obrigações assumidas. A alusão ao "preço" feita no Parecer do Representante do MP/TCU é bastante pertinente, quando analisa existir um "pagamento" pela contraprestação de um serviço, que geralmente é a exposição e divulgação da marca do patrocinador.
>
> No caso dos convênios, existe uma divisão de esforços ou uma soma de interesses, mesmo que o desembolso seja feito pelo patrocinador e a divulgação da marca, dos produtos, seja feita pela outra parte. Nesse caso, há que se ter a prestação de contas. [grifo no original]

Os objetos abrangidos pela denominação "contrato de patrocínio" são qualitativamente muito diversos, amplificando as dificuldades de conceituação, normatização e controle. O espectro pode ir de patrocínios automobilísticos firmados por empresas estatais e similares aos praticados pelo setor privado a ações de fomento tipicamente públicas e realizadas por meio de convênios.

Diego leva a cabo um estudo sistêmico do tema, um dos poucos de igual qualidade já divulgados. Vale-se de ampla literatura nacional e estrangeira para caracterizar o que deve ser entendido por contrato de patrocínio e distingui-lo, como contrato atípico, de outras categorias jurídicas próximas: contratos de publicidade, de doação, de prestação de serviços, de compra e venda (aquisição de direitos), etc.

À primeira vista, esse exame poderia ser percebido, quando não se adentra bem o assunto, como apenas um passo analítico burocrático, mas necessário, parte de um roteiro de pesquisa tradicional e bem estabelecido. No entanto, esse passo é fundamental para posicionar bem a dificuldade analítico-conceitual do tema.

Observe-se, a título de corroboração dessa necessidade, como a Secretaria Especial de Comunicação Social da Presidência da República – SECOM, conforme reportado pelo autor, variou sua compreensão sobre a definição de patrocínio entre os anos de 2009 e 2014:

PREFÁCIO | 15

- Em 2009 (Instrução Normativa nº 1/2009): "apoio financeiro concedido a projetos de iniciativa de terceiros, com o objetivo de divulgar atuação, fortalecer conceito, agregar valor à marca, incrementar vendas, gerar reconhecimento ou ampliar relacionamento do patrocinador com seus públicos de interesse".

- Em 2014 (Instrução Normativa nº 9/2014): "ação de comunicação que se realiza por meio da aquisição do direito de associação da marca e/ou de produtos e serviços do patrocinador a projeto de iniciativa de terceiro, mediante a celebração de contrato de patrocínio".

Modalidade atípica de contrato administrativo? Convênio? Instrumento híbrido, com características típicas de contrato acrescidas, complementarmente, de disposições típicas de convênios, como a prestação de contas? A questão não é singela e se torna mais complexa quando se investiga em que condições e visando a quais finalidades pode a administração celebrar ajustes nominados de "contrato de patrocínio", cujo objeto, por vezes, situa-se na zona cinza da legitimidade, propícia a obscurecer abusos e favorecimentos.

O autor analisa também esse aspecto e oferece análises normativas e conceituais valiosas sobre o uso desses contratos como instrumento de *marketing* comercial, fomento social ou legitimação da atuação estatal, sujeitos a configurações de interesse público, traçadas em algumas passagens:

> Assim, o interesse público subjacente à atividade patrocinadora da Administração deverá estar, em qualquer caso, em sintonia com as disposições legais constitucionais que orientam a intervenção estatal nos domínios econômico e social, mesmo quando da concessão de patrocínios com finalidade comercial. Nesse sentido, no caso das empresas públicas e sociedades de economia mista, é mandatória a observância do que dispõe o art. 27, § 3º, da Lei nº 13.303/2016, o Estatuto das Empresas Estatais, de modo que a discricionariedade inerente às decisões do patrocinador deve ser exercida nos limites e dentro das hipóteses delineadas na Lei e na Constituição da República.

> Deverão ser tidos como ilegítimos, portanto, os patrocínios concedidos por empresas estatais que, sob o pálio de atuar em regime concorrencial, destinem recursos públicos a atividades ou eventos que não se coadunem com o interesse público, que transbordem os limites constitucionais da intervenção do Estado no domínio econômico ou

social ou que destoem das finalidades institucionais e da função social da entidade. As empresas estatais, ao intervirem no domínio econômico ou social, devem estrita observância aos ditames constitucionais e legais, de modo que suas práticas e estratégias comerciais não podem resultar em supressão da livre iniciativa, em preterição do interesse público ou em busca de interesses privados da Administração.

O trabalho empreendido por Diego Prandino tem dois méritos de destaque: fornece um quadro analítico-conceitual da temática e propõe balizas para ulterior desenvolvimento normativo desse instrumento de atuação da administração pública direta e indireta. A eles se soma o mérito especial de voltar-se para a atuação do controle externo. Na ausência de legislação específica, serão os tribunais de contas os atores principais que, no exame dos casos concretos, definirão os limites, as condições e os parâmetros de legitimidade da adoção, de execução, avaliação e fiscalização dos contratos de patrocínio.

Este livro constituirá literatura de referência para os administradores públicos, os potenciais patrocinados e as instituições de controle da boa e correta aplicação de recursos públicos por meio de patrocínios.

Parabéns ao autor por essa obra inaugural, que desde logo se incorpora à melhor doutrina jurídica administrativista e do Direito Financeiro!

Weder de Oliveira
Ministro-Substituto do Tribunal de Contas da União. Mestre em Direito Financeiro pela Universidade de São Paulo. Pós-graduado em Economia pela George Washington University.

APRESENTAÇÃO

O Estado muda. Os interesses públicos permanecem. E, na impossibilidade de a coletividade tutelá-los de modo eficiente, continuam a demandar que o Estado como braço da comunidade política os garanta e promova. É por isso que o câmbio da Administração Pública prestadora para uma Administração predominantemente reguladora nas últimas décadas não foi capaz de extinguir certas tarefas estatais imprescindíveis ao bom funcionamento da vida coletiva. As modificações institucionais simplesmente reposicionaram as funções estatais conforme um novo equilíbrio, ressaltando algumas delas e minimizando outras.

Nesse movimento de transformação que marca a denominada quarta fase do direito administrativo (ou fase de transição, como prefiro dizer), as formas de intervenção indireta do Estado na economia ganharam maior destaque e, por conseguinte, passaram a chamar a atenção dos teóricos. Num primeiro momento, explodiram os estudos sobre regulação, agencificação e movimentos congêneres que, a partir da década de 1990, assumiram o papel de compensar o proposital enfraquecimento da prestação direta de serviços públicos e do exercício de atividades econômicas, seja pelas técnicas de monopolização artificial ancoradas na Constituição da República, seja pela competição no mercado por meio de empresas estatais.

Num segundo momento, o presente, um novo fluxo teórico vem se formando. Com ele, busca-se investigar e compreender a intervenção indireta por indução, ou seja, o fomento estatal como função administrativa capaz de prover a certos agentes sociais os meios financeiros, humanos e físicos necessários à viabilização de atividades de interesse público desejadas pelo Estado. Nesses últimos anos, portanto, o direito administrativo viu florescer a preocupação com o fomento como um grande capítulo teórico. Em grande parte, esse movimento se deveu à renovação da legislação sobre parcerias do Estado com o terceiro setor. Ao final da década de 1990, vieram as leis federais sobre as Organizações da Sociedade Civil de Interesse Público e sobre as Organizações Sociais. Mais tarde, na década de 2010, o Congresso editou uma relevantíssima lei sobre as parcerias gerais do Estado com as Organizações da Sociedade Civil e, dessa vez, com base em normas gerais aplicáveis à União, aos Estados e aos Municípios.

Em certa medida, os estudos produzidos sobre a intervenção indireta concentraram-se nas grandes leis produzidas pelo Congresso para disciplinar relações com o terceiro setor. E aí está a causa de sua deficiência teórica. Por seu apego à legislação do terceiro setor, eles não lograram abarcar, com toda a extensão necessária, alguns fenômenos que envolvem a técnica de fomento, mas nela não se esgotam. É nesse cenário que se passa a compreender o grande mérito do excelente estudo de Diego Prandino Alves sobre o contrato de patrocínio ativo estatal, ou seja, o contrato pelo qual a Administração Pública apoia, em troca da divulgação de sua marca, símbolo ou ações, uma atividade pública ou privada externa por meio da oferta de recursos financeiros ou pela disposição de outros estímulos humanos e materiais.

Em sua extensiva e inovadora análise, Diego Prandino destrincha inicialmente o conceito de "patrocínio" e o diferencia da mera doação, da prestação de serviços e da compra e venda no intuito de ressaltar seus traços de identidade. Em seguida, aprofunda-se no enquadramento do patrocínio dentro da teoria geral dos contratos administrativos. Ao fazê-lo, comprova de modo muito oportuno que o patrocínio não se resume à mera função de fomento, pois, na prática, é igualmente manejado como instrumento de *marketing* comercial em favor do Estado e, em último caso, no intuito de legitimar sua presença em certos setores. Trata-se, por conseguinte, de um instituto consensual com funções híbridas, traço que explica, em certa medida, a dificuldade de a doutrina tradicional enxergá-lo, compreendê-lo e explicá-lo.

Para além de propor o enquadramento teórico do instituto, ao final, Prandino se colocou o grande desafio de delinear o regime jurídico do patrocínio e, ao fazê-lo, entre outros aspectos: discutiu sua submissão às normas gerais de contratação pública; tratou de sua necessária relação com interesses públicos primários e princípios do direito administrativo; explicitou aspectos orçamentários e de prestação de contas e abordou o difícil tema da repartição de riscos contratuais.

APRESENTAÇÃO | 19

Seja pelo seu conteúdo relevantíssimo e inovador de seu estudo dentro da teoria do direito público, seja pela capacidade de esclarecer esse instituto híbrido chamado "patrocínio ativo" com uma habilidade técnica incomum derivada de sua enorme experiência com temas de contabilidade pública, contratação e controle da Administração Pública, Diego Prandino fez a ciência do direito administrativo brasileiro avançar. Por isso, e também pela enorme relevância prática do tema, o presente livro merecerá análise aprofundada pelos entes da Administração Pública que se propõem a celebrar os contratos em debate, pelas entidades que, eventualmente, venham a se beneficiar desses ajustes e por todos os órgãos de controle que se deparam, no cotidiano, com essa figura misteriosa e complexa que é o patrocínio estatal.

Thiago Marrara
Professor de Direito Administrativo da USP
(FDRP). Livre-docente pela USP. Doutor
pela Universidade de Munique (LMU).

CAPÍTULO 1

INTRODUÇÃO

O Direito Administrativo é voltado à sistematização da atividade administrativa do Estado, sob suas dimensões formais a materiais. Por isso, seu desenvolvimento encontra-se intimamente relacionado às atividades e aos valores do próprio Estado, num processo evolutivo que sofre inserções da realidade social, política, econômica e institucional do país.[1]

No período que se segue à Revolução Francesa,[2] as diferentes configurações do Estado e a relação deste com a sociedade tiveram reflexos diretos na disciplina administrativa. De um Estado predominantemente absenteísta no século XIX ao dito atual Estado Subsidiário – passando pelo Estado Social –, o Direito Administrativo tornou-se continuamente mais amplo e complexo, disciplinando as recorrentes – e indispensáveis – inovações ocorridas na atuação estatal.[3]

No Brasil, esse processo evolutivo teve na doutrina administrativista alienígena seu ponto de partida. Posteriormente, o desenvolvimento do Direito Administrativo pátrio baseou-se na

---

[1] MEDAUAR, Odete. *Direito administrativo moderno*. 20. ed. São Paulo: Revista dos Tribunais, 2016. p. 45.

[2] A doutrina aponta a Revolução Francesa como marco do surgimento do Direito Administrativo. Por todos, *cf.* ARAÚJO, Edmir Netto de. O direito administrativo e sua história. *Revista da Faculdade de Direito da Universidade de São Paulo*, v. 95, 2000. p. 152.

[3] Sobre a contínua mutação do Estado e seus reflexos no Direito Administrativo: MOREIRA NETO, Diogo de Figueiredo. *Poder, direito e Estado*: o direito administrativo em tempo de globalização. Belo Horizonte: Fórum, 2011. pp. 136-144; DI PIETRO, Maria Sylvia Zanella. *Parcerias na administração pública*: concessão, permissão, franquia, terceirização, parceria público-privada e outras formas. 7. ed. São Paulo: Atlas, 2009. pp. 8-21.

DIEGO PRANDINO
O CONTRATO DE PATROCÍNIO ATIVO NA ADMINISTRAÇÃO PÚBLICA

jurisprudência, sofrendo, por fim, influência do direito positivo.[4] Como aponta Floriano Marques de Azevedo Neto:

> A segunda falsa ideia está em se sustentar que o direito administrativo brasileiro é apoiado na lei. Até a Constituição de 1988, o direito administrativo brasileiro era caracterizado pela reduzida positivação, de modo que fora arquitetado sobre concepções doutrinárias, ante a ausência de texto legal.
>
> Embora desde a Constituição de 1934 se afirmasse pela necessidade de uma lei geral de concessões, por exemplo, apenas se promulgou uma lei de concessões em 1995; a primeira manifestação concreta de uma lei de licitações é de 1986, com o Decreto-Lei nº 2.300, e uma lei propriamente geral só foi editada em 1993; sobre processo administrativo, apenas em 1999 foi editado um diploma normativo. Por essa razão, durante muitas décadas, e isso se reflete ainda nos dias atuais, nosso direito administrativo tem influência fundamental da doutrina administrativista, por vezes ainda mais do que a própria lei, o que gera certo atrito entre a literatura e o texto normativo.[5]

Nesse contexto, afirma-se que a contínua evolução do Estado demanda a concepção e o desenvolvimento de mecanismos e de instrumentos que viabilizem a consecução satisfatória das funções administrativas.[6] Contudo, conforme apontado por Marques Neto no excerto supratranscrito, alguns desses mecanismos nascem ao arrepio de uma disciplina prévia do direito positivo – fenômeno identificado, também, por Maria Sylvia Zanella Di Pietro:

> A consequência é que a evolução do direito administrativo depende, em grande parte, de reformas constitucionais, o que conduz a dois caminhos: (a) um, lícito, que é a reforma pelos instrumentos que a própria Constituição prevê; (b) outro que é feito ao arrepio da Constituição, que vai sendo atropelada pelas leis ordinárias, por atos normativos da Administração Pública e, às vezes, sem qualquer previsão normativa; a Administração Pública, com muita frequência,

---

4   DI PIETRO, Maria Sylvia Zanella. *Direito administrativo*. 26. ed. São Paulo: Atlas, 2013. p. 24.

5   MARQUES NETO, Floriano de Azevedo. O direito administrativo no sistema de base romanística e de common law. *Revista de direito administrativo*, Rio de Janeiro, v. 268, jan./abr. 2015. p. 74.

6   SCHIRATO, Vitor Rhein. *As empresas estatais no direito administrativo econômico atual*. São Paulo: Saraiva, 2016. pp. 38, 192-193.

coloca-se na frente do legislador. Daí o desprestígio da Constituição e do princípio da legalidade.[7]

Esse estado de coisas é identificado, também, na atividade contratual da Administração Pública. A doutrina, primeiramente, seguida pela jurisprudência, já balizava as relações contratuais concretizadas pela Administração muito antes de ser editado o Decreto-Lei nº 2.300/1986. Da mesma maneira, a ausência de um diploma disciplinador das concessões de serviços públicos e das parcerias público-privadas não constituiu impeditivo para a sua utilização antes da edição das Leis nºs 8.987/1995 e 11.079/2004, respectivamente.[8]

A atividade contratual da Administração, influenciada, entre outros aspectos, pelas práticas sociais de mercado e pelos avanços tecnológicos, sofre constante evolução e acréscimo de complexidade. Por isso, cada vez mais a doutrina descortina a insuficiência da atual teoria administrativa brasileira em matéria de contratos e de contratações. Isso ocorre porque a referida teoria – pautada, em termos gerais, na Lei nº 8.666/1993 – pretende, em larga medida, uniformizar o regime jurídico aplicável aos contratos administrativos, desconsiderando a pluralidade de negócios jurídicos disponíveis ao administrador público, bem como a heterogeneidade de entes e de órgãos que compõem a Administração.[9]

Não por acaso, nos últimos anos, emergiu a tendência de especialização dos regimes dos contratos celebrados pela Administração, com a edição de diplomas normativos específicos destinados a melhor disciplinar a atividade contratual da Administração Pública; exemplificando: (i) Lei nº 12.232/2010, que dispõe sobre as normas gerais para licitação e contratação pela administração pública de serviços de publicidade prestados por intermédio de agências de propaganda e dá outras providências; (ii) Lei nº 12.462/2011, que, entre

---

[7] DI PIETRO, Maria Sylvia Zanella. *Direito administrativo*, 26. ed. São Paulo: Atlas, 2013. p. 25.

[8] DI PIETRO, Maria Sylvia Zanella. *Parcerias na administração pública*: concessão, permissão, franquia, terceirização, parceria público-privada e outras formas. 7. ed. São Paulo: Atlas, 2009. pp. 203-206; ALMEIDA, Fernando Dias Menezes de. *Contrato administrativo*. São Paulo: Quartier Latin, 2015. p. 374.

[9] Citam-se dois trabalhos elucidadores dessa realidade: SCHIRATO, Vitor Rhein. A interação entre administração pública e particulares nos contratos administrativos. *Fórum de contratação e gestão pública*, Belo Horizonte, ano 12, n. 138, pp. 5169, jun. 2013; e ALMEIDA, Fernando Dias Menezes de. *Contrato administrativo*. São Paulo: Quartier Latin, 2015. pp. 317-385.

outras providências, institui o Regime Diferenciado de Contratações Públicas – RDC; (iii) Lei nº 13.019/2014, que, entre outras disposições, estabelece o regime jurídico das parcerias entre a administração pública e as organizações da sociedade civil, em regime de mútua cooperação, para a consecução de finalidades de interesse público e recíproco, mediante a execução de atividades ou de projetos previamente estabelecidos em planos de trabalho inseridos em termos de colaboração, em termos de fomento ou em acordos de cooperação e define diretrizes para a política de fomento, de colaboração e de cooperação com organizações da sociedade civil; (iv) Lei nº 13.303/2016, que dispõe sobre o estatuto jurídico da empresa pública, da sociedade de economia mista e de suas subsidiárias, no âmbito da União, dos estados, do Distrito Federal e dos municípios, inclusive disposições de caráter geral sobre licitações e contratos; e (v) Lei nº 13.448/2017, que estabelece diretrizes gerais para prorrogação e relicitação dos contratos de parceria nos setores rodoviário, ferroviário e aeroportuário da administração pública federal; entre outras normas.

A despeito dessas recentes inovações, algumas práticas contratuais da Administração, contudo, carecem de uma disciplina mínima. É nesse contexto que se inserem os contatos em que a Administração Pública figura como patrocinadora de eventos ou de atividades promovidas por particulares.

Como já apontado, a ausência de uma disciplina contratual não obsta que a Administração direta e indireta da União, dos estados, dos municípios e do Distrito Federal se valha do regramento geral já estabelecido para firmar negócios jurídicos necessários à consecução de suas finalidades. Relativamente aos patrocínios, demonstração clara disso são os dados referentes aos montantes de projetos de patrocínios elaborados por órgãos e entidades do Poder Executivo federal e submetidos à análise da Secretaria Especial de Comunicação Social da Presidência as República – SECOM entre os anos de 2009 e 2016: R$872,7 milhões em 2009; R$1.067,0 milhões em 2010; R$1.141,9 milhões em 2011; R$1.450,7 milhões em 2012; R$2.363,0 milhões em 2013; R$1.426,8 milhões em 2014; R$934,2 milhões em 2015; e R$877,5 milhões em 2016.[10]

---

[10] Balanço das Ações de Patrocínio. Disponível em: <http://www.secom.gov.br/atuacao/patrocinio/balanco-das-acoes-de-patrocinio>. Acesso em: 1 jun. 2017. Até a data de

CAPÍTULO 1
INTRODUÇÃO | 25

No total, foram R$10,13 bilhões destinados ao patrocínio de iniciativas privadas entre 2009 e 2016, assim distribuídos: R$3,59 bilhões (35,4%) para a área de esportes; R$3,38 bilhões (33,4%) para a cultura; R$1,33 bilhão (13,1%) para eventos; R$1,27 bilhão (12,5%) para a área social; e R$0,57 bilhão (5,6%) para ações voltadas ao meio ambiente. Percebe-se que as cifras são vultosas, mesmo se considerada apenas a esfera federal.

Não obstante o volume de recursos públicos destinados a agentes privados no bojo de ações de patrocínio, é evidente a escassez de estudos acadêmicos e doutrinários sobre o tema sob a perspectiva do Direito Administrativo. Esse estado de coisas dá azo a uma multiplicidade de interpretações contraditórias sobre o instituto por parte de gestores, de órgãos de controle e, até mesmo, da jurisprudência. Não raro, essas interpretações, alicerçadas em uma análise perfunctória do assunto, conferem ao instituto do patrocínio contornos e fundamentações jurídicas incompatíveis com a atividade administrativa. Isso não apenas engessa a atividade administrativa, tolhendo a discricionariedade do gestor público, mas cria, também, um ambiente propício para o cometimento de ilegalidades, desvios de finalidade, malversação de recursos e atendimento a interesses outros que não o interesse público.

No cenário delineado, a inegável relevância econômica, social e política do patrocínio estatal ativo[11] reclama a elaboração de estudos acadêmicos e exposições doutrinárias condizentes em profundidade e diligência, que permitam uma maior compreensão e sistematização do fenômeno.

Nesse sentido, sem pretender esgotar a matéria, o singelo propósito geral desta obra é trazer a lume a atual situação dos contratos de patrocínio ativo firmados pela Administração Pública pátria e, a partir de uma análise crítica, investigar o regime jurídico que lhes seja mais adequado.

---

fechamento desta obra, as informações referentes às ações de patrocínio analisadas e executadas em 2017 não haviam sido divulgadas.

[11] A doutrina italiana, de que muito se valerá o presente estudo, segrega a atividade estatal de patrocínio em patrocínio passivo (*sponsorizzazione passiva*) e em patrocínio ativo (*sponsorizzazione attiva*), a depender da posição da Administração como patrocinada ou patrocinadora, respectivamente. Por todos, *cf.* FERRETTI, Alessandro. *Le sponsorizzazioni pubbliche:* struttura e tipologia, casi pratici, formulário. Milão: Giuffrè, 2009. p. 33. O patrocínio estatal passivo também é objeto de grande interesse e importância, demandando estudos apartados.

A definição do regime jurídico de um instituto é de extrema relevância, pois é a partir dessa definição que se exploraram e se fixam suas características, a fim de integrá-lo de maneira precisa no sistema de direito a que pertence. Estabelece-se, assim, seu lugar geométrico no ordenamento jurídico, definindo-se o ponto de partida para as respectivas implicações ulteriores.[12] Delineado o regime jurídico de um instituto, confere-se maior racionalidade a seu planejamento, utilização e controle, o que oferece maior segurança jurídica àqueles que dele se valem.

Ainda que o estudo do instituto do patrocínio ativo estatal exija descortinar alguns pontos de relevo – como, por exemplo, a legitimidade e a juridicidade da utilização do patrocínio por entes da Administração Pública direta – o labor, aqui, não prescinde do delineamento prévio do conceito de patrocínio, sua natureza jurídica e sua finalidade enquanto instrumento contratual da Administração. Fixadas tais balizas, pode-se avançar em temas mais espinhosos, por exemplo, a submissão do contrato de patrocínio ao regramento geral de contratação pública e demais parâmetros úteis ao controle da atividade patrocinadora do Estado.

Para lograr atingir tal objetivo, esta obra será dividida em quatro outros capítulos, além desta introdução.

No segundo capítulo, com base na doutrina e na jurisprudência, será explorado o próprio instituto do patrocínio sob um viés predominantemente civilista, em um exercício investigativo de sua definição, natureza jurídica, disciplina, entre outros aspectos relevantes para a presente obra.

O estudo do patrocínio estatal ativo será feito no terceiro capítulo, servindo como base exposições doutrinárias e manifestações de tribunais jurisdicionais e administrativos sobre a matéria,[13] bem como o quadro normativo vigente no Brasil.

---

[12] CRETELLA JR., José. *Direito administrativo comparado*. São Paulo: José Bushatsky, 1972. p. 30.

[13] Para fins desta obra, na categoria dos tribunais jurisdicionais, encaixam-se aqueles que exercem a jurisdição dotada de definitividade, incluindo-se, por exemplo, o *Consiglio di Stato* e a *Corte dei Conti* italianos – o primeiro, instância máxima da justiça administrativa daquele país, e o segundo, encarregado da jurisdição em matéria de contabilidade pública e outras, nos termos da Constituição italiana. Na categoria dos tribunais administrativos, incluem-se os tribunais que proferem decisões tipicamente administrativas, não dotadas de definitividade, ou seja, sem exclusão da apreciação pelo Poder Judiciário – como os tribunais de contas brasileiros. Para considerações ulteriores acerca da jurisdição e dos modelos uno

No quarto capítulo, a partir do conteúdo coligido nos capítulos anteriores, e em um exercício destinado a estabelecer balizas e parâmetros que sirvam para disciplinar a atividade patrocinadora da Administração Pública, assim como o seu controle, serão apresentados elementos integrantes do regime jurídico aplicável a esses contratos.

No quinto e último capítulo, serão apresentadas as conclusões da obra, bem como um panorama do atual estágio do controle desses contratos.

Destaca-se que esta obra não encerra um diálogo juscomparativo em matéria de patrocínio estatal ativo. A juscomparação, embora possa decorrer do socorro à doutrina e à jurisprudência estrangeira, constituirá apenas uma ferramenta que auxiliará a persecução do objetivo principal: analisar, criticamente, o instituto do patrocínio ativo tal como utilizado pela Administração Pública brasileira e delinear um regime jurídico que lhe seja aplicável, considerando o substrato normativo, jurisprudencial e doutrinário sobre o tema. Nesse contexto, compartilha-se da preocupação manifestada por Celso Antônio Bandeira de Mello:

> Ocorre que, consoante já foi dito com razão, os títulos fundamentais do Direito Administrativo se alojam no Direito Constitucional. Assim, o Direito Administrativo de cada país possui a feição que lhe confere o respectivo Direito Constitucional, razão, aliás, que serve de advertência contra a ingenuidade de pretender extrapolar noções recolhidas em Direito alienígena para aplicá-las, acriticamente, ao Direito Administrativo brasileiro.[14]

Nesse sentido, sem prejuízo da utilização de publicações e de estudos de outras origens, a pesquisa aqui empreendida se valerá, amplamente, da doutrina italiana sobre patrocínios no âmbito da Administração Pública, porquanto é nela que se verifica uma maior preocupação e um maior aprofundamento dos estudos sobre o tema.

---

e dual de controle da Administração Pública, *cf.*, respectivamente: CINTRA, Antônio Carlos de Araújo; GRINOVER, Ada Pelegrini; DINAMARCO, Cândido Rangel. *Teoria geral do processo*. 28. ed. São Paulo: Malheiros, 2012. pp. 155-166; e MEDAUAR, Odete. *Controle da administração pública*. 3. ed. São Paulo: Revista dos Tribunais, 2014. pp. 200-213.

[14] MELLO, Celso Antônio Bandeira de. *Curso de direito administrativo*. 32. ed. São Paulo: Malheiros, 2015. p. 28.

Assim, o intuito é, tendo por base amplo arcabouço pátrio e forâneo sobre o assunto, analisar o patrocínio ativo estatal à luz dos preceitos e princípios insculpidos na Constituição da República, sem descuidar das idiossincrasias dos regimes jurídicos aplicáveis aos sujeitos que integram a Administração Pública brasileira.

CAPÍTULO 2

O PATROCÍNIO

Diferentemente do que se verifica nos ensaios que se propõem a investigar o patrocínio, esta obra não se aventurará em percorrer a trilha histórica do instituto.[15] Contudo, para maior compreensão, considera-se indispensável discorrer, ainda que brevemente, sobre o posicionamento da doutrina civilista sobre o assunto, uma vez que é nas relações comerciais privadas que o patrocínio encontra maior espaço, e, portanto, goza de maior atenção da doutrina.

Não é demais ressalvar, desde já, que a lógica econômica e comercial do patrocínio não é transportável, por completo, às atividades administrativas. Esses pormenores serão destacados ao longo desta obra.

2.1 Definição

O que é – ou o que caracteriza – um patrocínio? Essa questão singela constitui o ponto de partida deste trabalho – e do diálogo doutrinário que cerca o instrumento.

John L. Crompton, em um dos seus vários ensaios sobre o tema, definiu o patrocínio como um instrumento de promoção,

---

[15] Sobre a perspectiva histórica do patrocínio, *cf.* LABARIEGA VILLANUEVA, Pedro Alfonso. Atipicidad del contrato y esponsorización o patrocinio publicitario. In: ADAME GODDARD, Jorge. *Derecho privado:* memoria del congreso internacional de culturas y sistemas jurídicos comparados. Cidade do México: IIJ-UNAM, 2005, p. 220; e MCDONNELL, Ian; MOIR, Malcolm. *Event sponsorship*. Nova Iorque: Routledge, 2014. pp. 9-11.

explicando que aqueles que nele investem buscam impactar positivamente o convencimento do consumidor, para que este adquira determinado produto. Por meio do patrocínio, Crompton destaca que o patrocinador pode informar, educar ou persuadir atuais e potenciais clientes, bem como rememorá-los dos benefícios associados a determinada companhia, empresa ou serviço.[16]

Pedro Alfonso Labariega Villanueva, por sua vez, caracteriza o patrocínio como um contrato em que uma parte, denominada patrocinador (*espónsor*), se obriga a uma prestação pecuniária ou à entrega de coisas fungíveis a outra parte, denominada patrocinado (*esponsorizado*), o qual se obriga a divulgar o nome ou a marca do patrocinador em várias manifestações de sua atividade (desportiva, cultural, etc.).[17]

Edward Geldard e Laurel Sinclair, em posição mais peculiar, o definem como a aquisição de um potencial intangível e explorável, associado a um participante, evento ou organização, que resulta em benefícios tangíveis para o patrocinador.[18]

Velia de Sanctis, ao discorrer sobre o patrocínio, destaca suas dimensões comunicacionais e econômicas. Isso porque, na visão da autora, a dimensão econômica, isoladamente considerada, não tem o condão de diferenciar o patrocínio de outras formas de *marketing*. Assim, na sua dimensão comunicacional, o patrocínio

---

[16] CROMPTON, John L. The potential contributions of sports sponsorship in impacting the product adoption process. *Managing leisure*, v. 1, 1995-1996. p. 199.

[17] Tradução livre do seguinte excerto: "*Así que el patrocinio es un contrato atípico, mediante el cual una parte, llamado patrocinador* (espónsor), *se obliga a una prestación pecuniaria o a la entrega de cosas fungibles frente a otra parte, llamada patrocinado* (esponsorizado), *el cual se obliga a divulgar el nombre o la marca del patrocinador en varias manifestaciones de su actividad (deportiva, cultural, etcétera), o a veces también a modificar la propia denominación o razón social asumiendo la del patrocinador*". LABARIEGA VILLANUEVA, Pedro Alfonso. Atipicidad del contrato y esponsorización o patrocinio publicitario. In: ADAME GODDARD, Jorge. *Derecho privado: memoria del congreso internacional de culturas y sistemas jurídicos comparados*. Cidade do México: IJJ-UNAM, 2005. p. 222. Em sentido similar, Francesco Galgano entende o patrocínio como um contrato em que um empresário (patrocinador), visando a aumentar a notoriedade de seus símbolos distintivos, entrega determinada quantidade de dinheiro, ou ainda bens ou serviços, ao organizador de manifestações desportivas ou de iniciativas culturais, ou mesmo a uma pessoa relacionada a um evento desportivo (patrocinado), para que este publicite, na maneira contratualmente ajustada, os produtos, os serviços ou a atividade do empresário. *Cf*. GALGANO, Francesco. *Dizionario enciclopédico de diritto*. Pádua: CEDAM, 1996, v. II, p. 1534.

[18] GELDARD, Edward; SINCLAIR, Laurel. *The sponsorship manual: sponsorship made easy*. 2. ed. Melbourne: Sponsorship Unit, 2002. pp. 1-15.

CAPÍTULO 2
O PATROCÍNIO | 31

tem por objetivo influir positivamente na percepção do público-alvo em relação ao patrocinador, estreitando a relação entre eles, o que gera potenciais efeitos econômicos. Os efeitos econômicos e comunicacionais não seriam, portanto, dissociáveis, mas complementares entre si.[19]

Vê-se que, na tentativa de distinguir o patrocínio de outros institutos ou relações jurídicas – como a publicidade tradicional ou a simples doação –, inúmeros autores se esforçam para defini-lo.[20] Contudo, essa multiplicidade de definições, sem um delineamento unívoco leva alguns estudiosos a enumerar os elementos caracterizadores do patrocínio, comparando-o diretamente com outros institutos jurídicos, sem um compromisso maior com a sua definição em si.

Alessandro Ferreti, nesse labor, destaca uma diferença essencial entre o patrocínio e a publicidade: nesta, a mensagem publicitária visa a atingir seu público diretamente; naquele, a atuação é indireta.[21] O autor italiano pontua ainda que, inicialmente, o patrocínio surgiu fundado no *mecenatismo*, ou seja, no financiamento dotado de liberalidade, assumindo a natureza de doação. Com o avanço e a difusão de técnicas de publicidade, o patrocínio abandonou suas feições de liberalidade, assumindo uma finalidade eminentemente publicitária.[22]

Labariega Villanueva também aponta outras peculiaridades da atividade de patrocínio: (i) a forma de execução do patrocínio – duração, frequência e intensidade da mensagem – não é diretamente definida pelo patrocinador, mas fica condicionada às alternativas

---

[19] SANCTIS, Velia de. *Le Sponsorizzazioni*: analisi di um fenomeno. Nápoles: Liguori, 2006. p. 10-11.

[20] Um quadro com várias outras definições pode ser consultado em WOODSIDE, Frances M. *Consumer response to sponsorship leveraged packaging: a fast moving consumer goods context*. 204 f. Tese (Doutorado em Filosofia) – University of Southern Queensland, Toowoomba, 2010, p. 17. Disponível em: <https://eprints.usq.edu.au/19652/2/Woodside_2010_whole.pdf>. Acesso em: 4 maio 2017.

[21] FERRETI, Alessandro. *Le sponsorizazione publiche*: strutura e tipologia – casi pratici, formulario. Milão: Giuffrè, 2009. p. 4.

[22] Tal constatação acerca da evolução histórica é feita, também, por: GIACOBBE, Emanuela. Atipicità del contratto e sponsorizzazione: con particolare riguardo alla legge 6 agosto 1990, n. 223. *Rivista di diritto civile*, Pádua, n. 37, n. 4, jul/ago., 1991. pp. 412-413; e SANTORO, Pelino; SANTORO, Evaristo. *Nuovo manuale dei contratti pubblici*. Santarcangelo di Romagna: Maggioli, 2011. p. 948.

próprias do evento patrocinado; (ii) o controle, pelo patrocinador, do conteúdo da mensagem é mais limitado do que em uma publicidade comum; (iii) o conteúdo da mensagem é extremante concentrado, limitando-se, em regra, à marca, a um logotipo ou à denominação da empresa; (iv) a potencialidade de atrair a atenção do público é mais elevada, comparativamente à publicidade tradicional.[23]

Na escassa doutrina pátria sobre o tema, Daniel Ustárroz elenca os elementos que seriam caracterizadores do patrocínio: (i) finalidade publicitária; (ii) realização dessa publicidade por meio de pessoas estranhas à patrocinada; (iii) relacionamento entre as imagens do patrocinado e do patrocinador; (iv) autonomia de cada parte na condução de suas ações; e (v) exigência de colaboração recíproca.[24]

Uma constatação interessante é a de que o patrocínio gera para as partes a obrigação mútua de associação de suas imagens. Nesse sentido, não basta que o patrocinado realize simples divulgação da imagem ou de um produto ou serviço do patrocinador, em uma publicidade isolada e desprovida de propósito ou significado. Se patrocinado ou patrocinador disseminarem suas imagens isoladamente, sem explicitar uma conexão entre elas, faltará elemento essencial à caracterização da relação de patrocínio, pois, como visto, é ínsito ao patrocínio a vinculação entre a imagem do patrocinador e a do patrocinado, ou entre aquela e a imagem de um evento. O dever do patrocinado, portanto, vai além da simples veiculação publicitária.

Inúmeras outras definições poderiam ser aqui colacionadas, assim como poderiam ser elencados diversos elementos manifestados pela doutrina como caracterizadores do patrocínio. Tal esforço, contudo, não contribuiria para uma melhor compreensão do instituto, até aqui já suficientemente caracterizado. Em vez disso, cumpre-nos discorrer, a seguir, sobre as características do contrato

---

[23] LABARIEGA VILLANUEVA, Pedro Alfonso. Atipicidad del contrato y esponsorización o patrocinio publicitario. In: ADAME GODDARD, Jorge. *Derecho privado:* memoria del congreso internacional de culturas y sistemas jurídicos comparados. Cidade do México: IJJ-UNAM, 2005. p. 222.

[24] USTÁRROZ, Daniel. *Direito dos contratos:* tema atuais. 2. ed. Porto Alegre: Livraria do Advogado, 2012. p. 90.

de patrocínio, o que fornecerá, ao leitor, subsídios adicionais à compreensão desse instituto.

2.2 O contrato de patrocínio

2.2.1 A atipicidade do contrato de patrocínio

A atipicidade do contrato de patrocínio é reconhecida amplamente pela doutrina pátria e estrangeira. Contudo, aponta-se para uma atipicidade meramente legislativa, porquanto a realidade social, a doutrina e a jurisprudência reconhecem e nominam o referido contrato. Fala-se, assim, em um contrato que, ao mesmo tempo, é socialmente típico e legalmente atípico.[25]

Ressalta-se que o contrato típico é aquele que se encontra particularmente disciplinado pelo ordenamento, enquanto o contrato nominado é aquele que possui nome próprio. Assim, o fato de haver mera alusão a determinado contrato na legislação, desconectada de um regramento mínimo, não convola um contrato atípico em típico. Nesse caso, ter-se-á um contrato nominado, que manterá sua condição de atipicidade.[26] É o caso, por exemplo, da Lei Geral de Publicidade espanhola, que, em seu artigo 22, apenas define o contrato de patrocínio, remetendo seu regramento às normas de difusão publicitária, no que aplicável.[27] Caso similar ocorre na Itália, em que o Código de Contratações Públicas, em seus artigos 19 e 151,

---

[25] LABARIEGA VILLANUEVA, Pedro Alfonso. Atipicidad del contrato y esponsorización o patrocinio publicitario. In: ADAME GODDARD, Jorge. *Derecho privado:* memoria del congreso internacional de culturas y sistemas jurídicos comparados. Cidade do México: IIJ-UNAM, 2005. pp. 209-224; FERRETI, Alessandro. *Le sponsorizazione publiche:* strutura e tipologia – casi pratici, formulario. Milão: Giuffrè, 2009. pp. 6-10; WEIAND, Neil George. *Kultur– und Sportsponsoring im deutschen Recht: unter besonderer Berücksichtigung urheber–, edien– ind wettbewerbsrechlichet aspekte.* Berlim: Duncker und Humblot, 1993. p. 93; USTÁRROZ, Daniel. *Direito dos contratos.* 2. ed. Porto Alegre: Livraria do Advogado, 2012. pp. 83-85.

[26] GOMES, Orlando. *Contratos.* 26. ed. Rio de Janeiro: Forense, 2009. pp. 119-127.

[27] *Ley 34/1988, de 11 de noviembre – Ley General de Publicidad: Artículo 22. El contrato de patrocinio publicitario es aquél por el que el patrocinado, a cambio de una ayuda económica para la realización de su actividad deportiva, benéfica, cultural, científica o de otra índole, se compromete a colaborar en la publicidad del patrocinador. El contrato de patrocinio publicitario se regirá por las normas del contrato de difusión publicitaria en cuanto le sean aplicables.*

prevê a possibilidade de a Administração Pública firmar *contratti di sponsorizzazione*, sem maiores especificações sobre a formação e execução do contrato.[28]

A carência de uma delimitação normativa detalhada não impede que particulares, valendo-se da autonomia da vontade – em específico, da liberdade contratual –, obriguem-se a prestações e contraprestações recíprocas, estipulando contratos atípicos, desde que seu objeto seja lícito, possível e determinável, bem como sejam observadas as normas gerais aplicáveis ao caso, notadamente os princípios da função social do contrato, da probidade e da boa-fé.[29]

No que tange ao contrato de patrocínio, sua atipicidade leva a doutrina forânea a buscar, com frequência, enquadrá-lo em uma das figuras contratuais típicas, ou, ainda, em uma combinação delas. Não por acaso, desde que o contrato de patrocínio despertou o interesse de estudiosos, já lhe foi imputada a natureza de doação – pura e modal –, de prestação de serviços, de empreitada, de locação, de compra e venda, de mandato, de contrato associativo, entre outros.[30]

Não obstante, é imperioso reconhecer que as características singulares do contrato de patrocínio conferem-lhe legítima atipicidade, constituindo esforço inglório submetê-lo ao regramento de outras figuras contratuais típicas.

---

[28] *Decreto legislativo 18 aprile 2016, n. 50. – Codice dei Contratti Pubblici: Art. 151. (Sponsorizzazioni e forme speciali di partenariato) 1. La disciplina di cui all'articolo 19 del presente codice si applica ai contratti di sponsorizzazione di lavori, servizi o forniture relativi a beni culturali di cui al presente capo, nonché ai contratti di sponsorizzazione finalizzati al sostegno degli istituti e dei luoghi della cultura, di cui all'articolo 101 del decreto legislativo 22 gennaio 2004, n. 42, e successive modificazioni, recante Codice dei beni culturali e del paesaggio, delle fondazioni lirico-sinfoniche e dei teatri di tradizione. 2. L'amministrazione preposta alla tutela dei beni culturali impartisce opportune prescrizioni in ordine alla progettazione, all'esecuzione delle opere e/o forniture e alla direzione dei lavori e collaudo degli stessi. 3. Per assicurare la fruizione del patrimonio culturale della Nazione e favorire altresì la ricerca scientifica applicata alla tutela, il Ministero dei beni e delle attività culturali e del turismo può attivare forme speciali di partenariato con enti e organismi pubblici e con soggetti privati, dirette a consentire il recupero, il restauro, la manutenzione programmata, la gestione, l'apertura alla pubblica fruizione e la valorizzazione di beni culturali immobili, attraverso procedure semplificate di individuazione del partner privato analoghe o ulteriori rispetto a quelle previste dal comma 1.*

[29] *Cf.* arts. 166 e incisos, 421 e ss., todos da Lei nº 10.406/2002 (Código Civil brasileiro).

[30] FERRETI, Alessandro. *Le sponsorizzazione publiche:* strutura e tipologia – casi pratici, formulario. Milão: Giuffrè, 2009. pp. 6-10; MAZZILLI, Antonio D.; MARI, Giuseppina; CHIEPPA, Roberto. I contratti esclusi dall'applicazione del codice dei contratti pubblici. In: SANDULLI, Maria Alessandra; DE NICTOLIS, Rosanna; GAROFOLI, Roberto (Coord.). *Trattato sui contratti pubblici: volume I:* I principi generali. I contratti pubblici. I soggetti. Milão: Giuffrè, 2008. pp. 460-464.

CAPÍTULO 2
O PATROCÍNIO | 35

2.2.2 Caracterização do contrato de patrocínio

Segundo a classificação dos contratos considerados em si mesmos, tal como proposta pela doutrina civilista pátria dominante, o contrato de patrocínio pode ser caracterizado como: atípico, nominado, bilateral ou sinalagmático, oneroso, comutativo, por adesão, não solene, consensual e pessoal ou *intuitu personae*. Excetuadas as classificações quanto à tipicidade e quanto à designação, já vistas anteriormente, discorrer-se-á, ainda que brevemente, sobre as demais classificações enumeradas.

O contrato de patrocínio é marcado pela bilateralidade, ou seja, pelo sinalagma. Isso significa que há a dependência recíproca de obrigações, de modo que cada uma das partes envolvidas assume, a um só tempo, posição devedora e credora da outra parte.[31] Ao patrocinador compete a obrigação de prestar o suporte e o apoio prometido ao patrocinado, a quem assiste o direito de receber tal incentivo. Ao patrocinado, por outro lado, compete adotar as providências necessárias à veiculação da imagem do patrocinador, segundo as condições pactuadas no contrato. O contrato poderá estipular, ainda, outras obrigações entre as partes, como os deveres de exclusividade, de prestação de contas, de confidencialidade, entre outros.[32]

Carlos Roberto Gonçalves pondera que, em regra, "todo contrato oneroso é, também, bilateral. E todo unilateral é, ao mesmo tempo, gratuito. Não, porém, necessariamente".[33] O contrato de patrocínio segue essa regra. Disso decorre que o benefício experimentado pelo credor da obrigação corresponde ao sacrifício patrimonial percebido pelo devedor.

É, também, comutativo. Maria Helena Diniz traz uma definição bastante precisa e didática sobre a comutatividade contratual, pelo que vale a transcrição:

---

[31] DINIZ, Maria Helena. *Curso de direito civil brasileiro:* teoria das obrigações contratuais e extracontratuais. 26. ed. São Paulo: Saraiva, 2010. p. 76.

[32] USTÁRROZ, Daniel. *Direito dos contratos:* tema atuais. 2. ed. Porto Alegre: Livraria do Advogado, 2012. pp. 92-98.

[33] A doutrina aponta como exceções o mútuo feneratício (unilateral e oneroso) e o mandato (bilateral e gratuito). *Cf.* GONÇALVES, Carlos Roberto. *Direito civil brasileiro:* contratos e atos unilaterais. 7. ed. São Paulo: Saraiva, 2010. pp. 93-94.

Será comutativo o contrato a título oneroso e bilateral em que a extensão das prestações de ambas as partes, conhecida desde o momento da formação do vínculo contratual, é certa, determinada e definitiva, apresentando uma relativa equivalência de valores, que, por sua vez, são insuscetíveis de variação durante o implemento do contrato, embora, algumas vezes, corram riscos relativos à coisa ou à oscilação do seu valor, o que, contudo, são circunstâncias independentes do contrato.[34]

Arnaldo Rizzardo leciona que, em contratos comutativos, o "requisito primordial é a equivalência de prestações". Mas essa equivalência é subjetiva, já que "cada pessoa é juiz de suas conveniências e seus interesses".[35]

Por isso, Daniel Ustárroz destaca a necessidade de que as partes consignem em contrato, minimamente, o que se espera em termos de contraprestação em mensagem publicitária, o que poderá oferecer parâmetros para a aferição de eventual adimplemento defeituoso: "É deveras complicado para um magistrado valorar a adequada exposição da marca, pois essa é uma tarefa que incumbia às próprias partes, quando da aproximação negocial".[36] Na mesma linha, Orlando Gomes assim discorre:

> Os *contratos atípicos* subordinam-se às regras gerais do Direito Contratual, assim as que regem os pressupostos e requisitos essenciais à validade dos contratos como as que disciplinam as obrigações. Têm irrecusável aplicação nos contratos atípicos, mas, evidentemente, não bastam. Regras particulares são necessárias. Como não estão previstas especialmente na lei, cabe ao juiz procurá-las, utilizando-se de um dos métodos propostos pela doutrina. Via de regra, a tarefa é facilitada pelas próprias partes. O problema simplifica-se, com efeito, pelo emprego corrente do princípio de autodisciplina dos contratos. Os estipulantes de um contrato atípico costumam regular mais explicitamente seus efeitos, porque sabem que inexistem regras supletivas de sua vontade.[37]

---

[34] DINIZ, Maria Helena. *Curso de direito civil brasileiro:* teoria das obrigações contratuais e extracontratuais. 26. ed. São Paulo: Saraiva, 2010. p. 80.

[35] RIZZARDO, Arnaldo. *Contratos.* 13. ed. Rio de Janeiro: Forense, 2013. p. 71.

[36] USTÁRROZ, Daniel. *Direito dos contratos:* tema atuais. 2. ed. Porto Alegre: Livraria do Advogado, 2012. pp. 98-99.

[37] GOMES, Orlando. *Contratos.* 26. ed. Rio de Janeiro: Forense, 2009. p. 125.

Neste ponto, uma anotação se faz relevante. A incerteza quanto aos resultados advindos da veiculação publicitária não caracteriza o contrato como aleatório, permanecendo sua natureza comutativa. A equivalência subjetiva deve ser aferida entre a prestação do patrocínio e a contraprestação em publicidade, sendo indiferente, para a relação contratual, o resultado efetivo da veiculação publicitária. Compete ao patrocinado, entre outras obrigações contratuais, envidar esforços para que a imagem do patrocinador seja publicitariamente veiculada, estabelecendo um *link* entre a sua imagem – ou a do evento ou a da atividade patrocinada – e a imagem do patrocinador. Cumprida essa contraprestação – e eventualmente outras estabelecidas no instrumento contratual – o patrocinado terá adimplido suas obrigações contratuais.

O patrocinado, portanto, assume uma obrigação de meio: a de publicitar a imagem do patrocinador associada à sua própria imagem, não assumindo nenhuma responsabilidade pelo retorno publicitário.[38]

Pode-se considerar que o contrato de patrocínio é, em regra, de adesão. No patrocínio, é comum que haja superioridade material – e não apenas econômica – de uma das partes em relação à outra. Essa condição propicia que a parte enquadrada nessa condição privilegiada predetermine, de forma rígida e unilateral, as cláusulas contratuais. Ainda que não seja usual, nada obsta, contudo, que, havendo equivalência material entre os contratantes, o contrato seja dotado de contornos paritários.[39]

O contrato patrocínio é não solene, prescindindo de forma específica predeterminada para sua validade, nos termos da regra geral do art. 107 do Código Civil.[40] É, ainda, consensual, porque basta a integração das declarações de vontade das partes para que o contato de patrocínio esteja perfeito e acabado.

---

[38] USTÁRROZ, Daniel. *Direito dos contratos:* tema atuais. 2. ed. Porto Alegre: Livraria do Advogado, 2012. pp. 93-95.

[39] GAGLIANO, Pablo Stolze; PAMPLONA FILHO, Rodolfo. *Novo curso de direito civil:* contratos: teoria geral. 6. ed. São Paulo: Saraiva, 2010. pp. 163-166.

[40] USTÁRROZ, Daniel. *Direito dos contratos:* tema atuais. 2. ed. Porto Alegre: Livraria do Advogado, 2012. p. 98.

Por último, destaca-se que a doutrina, aparentemente sem dissensão, caracteriza o contrato de patrocínio como *intuitu personae*.[41] Essa afirmação, contudo, merece uma análise mais detida. O contrato ora estudado é firmado em razão das características subjetivas do contratado, tais como suas habilidades, títulos, reconhecimento, carisma, identificação junto ao público-alvo do patrocínio, projeção midiática, entre outras características que lhe são personalíssimas. Isso porque, no contrato de patrocínio, exige-se íntimo relacionamento e conjugação entre a imagem do patrocinador e a imagem do patrocinado, já que a finalidade do contrato de patrocínio é, antes de tudo, comunicacional, de forma indireta. Nesse caso, trata-se, indubitavelmente, de um contrato *intuitu personae*, em que as características subjetivas do contratado constituem elemento causal da avença. Não parece ser interessante ao patrocinador associar sua imagem ou sua marca a um agente patrocinado cuja imagem não goze de aceitação ou de legitimidade perante o público-alvo.

Tal entendimento, contudo, aplica-se a apenas uma parcela dos contratos de patrocínio, merecendo ressalvas em alguns casos.

Isso se deve ao fato de que o contrato patrocínio pode não ter como elemento causal as características subjetivas do patrocinado, mas as características específicas do *objeto* patrocinado, como, por exemplo, determinado evento. Nesse caso, não há de se falar em um contrato *intuitu personae*, porquanto as características subjetivas do patrocinado não serão determinantes para a concessão do patrocínio, ou seja, não constituirão elemento causal do contrato.

É o caso em que o patrocinador resolve patrocinar determinado evento, considerado por ele relevante para fins de comunicação com seu público-alvo, seja pela projeção midiática do evento, seja pela sua tradição, seja pela sua importância social, seja por qualquer outra razão relacionada exclusivamente ao evento. Nessa hipótese, em princípio, não se mostra relevante a identidade do organizador do evento – que será, de fato, o patrocinado, ou seja, o signatário passivo do contrato de patrocínio –, mas tão somente as características

---

[41] FERRETI, Alessandro. *Le sponsorizazione publiche*: strutura e tipologia – casi pratici, formulario. Milão: Giuffrè, 2009. p. 10.

específicas do evento. Não se cogita, *a priori*, uma associação entre a imagem do patrocinador e a imagem do patrocinado, mas, sim, entre aquela e a imagem do evento.

2.2.3 Distinção entre o patrocínio e a prestação de serviços

Quanto à aproximação entre o contrato de patrocínio e o de prestação de serviços, a distinção marcante está no relacionamento entre contratante e contratado, bem como na execução do contrato.

No contrato de serviço de publicidade, exige-se, cumulativamente: (i) a gestão e organização dos meios para a prestação do serviço sob próprio risco e (ii) o desenvolvimento de atividade profissional.[42] Ainda que, porventura, fosse possível atribuir a primeira característica ao contrato de patrocínio – já que, como visto, o patrocinado adimple a contraprestação, inclusive no que tange à difusão da mensagem publicitária, sem a ingerência direta do patrocinador –, melhor sorte não assistiria àqueles que intentassem atribuir a segunda característica aos contratos de patrocínio, uma vez que o patrocinado desenvolve, de maneira profissional, atividades outras que não a de publicidade.

De fato, o adimplemento do contrato de patrocínio não decorre da simples consecução do mister do patrocinado, ou seja, a atividade profissional desempenhada pelo patrocinado não se presta, isoladamente, a adimplir o contrato de patrocínio. Tampouco se verificará seu adimplemento pela simples veiculação da mensagem publicitária, desconectada da atividade profissional do patrocinado – nesse caso, poder-se-ia cogitar de simples prestação de serviço de publicidade. Tem-se, assim, que o adimplemento do contrato decorre da veiculação da imagem do patrocinador

---

[42] RIZZARDO, Arnaldo. *Contratos*. 13. ed. Rio de Janeiro: Forense: 2013. p. 603; GOMES, Orlando. *Contratos*. 26. ed. Rio de Janeiro: Forense, 2009. pp. 354-355; FERRETI, Alessandro. *Le sponsorizazione publiche:* strutura e tipologia – casi pratici, formulario. Milão: Giuffrè, 2009. pp. 6-7.

necessariamente associada à atividade profissional do patrocinado – ou a determinada atividade ou evento, conforme o caso.[43]

Logo, uma vez que o patrocinado – um artista ou desportista, por exemplo – não desempenha profissionalmente atividade de publicidade, não há como atribuir ao contrato de patrocínio feições de prestação de serviço. Não há de se esperar que uma empresa de publicidade execute, de maneira profissional, um concerto de ópera, da mesma forma que seria absurdo esperar de um músico a prestação, também profissional, de serviços de publicidade.[44]

2.2.4 Distinção entre o patrocínio, o mecenato e a doação

Como já apontado, o contrato de patrocínio, em sua gênese, foi equiparado ao contrato de doação ou de doação modal.

A doutrina italiana distingue o patrocínio (*sponsorizzazione*) do mecenato (*mecenatismo* ou *patrocinio*), descortinando que, neste último, há o traço distintivo da liberalidade e do desinteresse comercial, por vezes visando a um benefício fiscal, em que o beneficiário não se obriga a adotar determinado comportamento ou a veicular a marca ou outros signos distintivos do financiador.[45]

Distinção semelhante é traçada no direito espanhol, em que o *mecenazgo* é entendido como a proteção ou ajuda dispensada a uma atividade cultural, artística ou científica.[46] A *esponsorización*,

---

[43] Pela precisão, transcreve-se a exposição de Giovanni Bausilio: "*Anche in questo caso, il messaggio arriva in modo indiretto visto che il destinatario, è interessato all'evento sportivo ma che, comunque, non potrà sottrarsi dal ricevere il messaggio che, seppure svincolato dall'evento sportivo, con esso è intimamente connesso, anche dal punto di vista strettamente visivo con la manifestazione sportiva*". BAUSILIO, Giovanni. *Contratti atipici*. Pádua: CEDAM, 2014. p. 499.

[44] SANCTIS, Velia de. *Le Sponsorizzazioni*: analisi di um fenomeno. Nápoles: Liguori, 2006. p. 21.

[45] SEVERINO, Fabio. (Coord). *Un marketing per la cultura*. Milão: FrancoAngeli, 2005. p. 98; VIOLA, Luigi. (Coord.) *Studi monografici di diritto civile*: percorsi ragionati sulle problematiche di maggiore attualità. Matelica: Halley, 2007. p. 296.

[46] Definição da Real Academia Espanhola (RAE), reproduzida no sítio eletrônico do "Ministerio de Educación, Cultura y Deporte" espanhol. Tradução livre do seguinte excerto: "[...] *protección o ayuda dispensadas a una actividad cultural, artística o científica*". Disponível em: <http://www.mecd.gob.es/cultura-mecd/areas-cultura/industriasculturales/mecenazgo.html>. Acesso em: 9 maio 2017.

por sua vez, envolve o suporte a uma atividade artística, cultural ou desportiva em troca de uma vantagem previamente estabelecida, geralmente em publicidade. O primeiro é marcado pelo altruísmo, pela satisfação pessoal e pela ausência de contrapartida, enquanto o segundo tem os traços da finalidade comercial, da notoriedade, da aceitação social e da publicidade.[47]

Na doutrina anglófona, semelhante distinção é apontada entre os institutos do *sponsorship* e do *patronage*, atribuindo-se ao primeiro as características típicas do patrocínio (*esponsorización*, *sponsorizzazione*) e, ao segundo, aquelas ínsitas ao mecenato (*mecenazgo, mecenatismo*).

Nesse contexto, dado o caráter de liberalidade que assiste a ambos os institutos, o que diferencia o mecenato da mera doação?

A diferença essencial entre a doação e o mecenato é que, no primeiro, não há compromisso, não há um vínculo preestabelecido entre o doador e o beneficiário, ou entre aquele e a atividade beneficiada pela doação. A doação, assim, é pontual, não havendo uma relação de suporte, apoio ou incentivo. Pela precisão da exposição, valem as palavras de Manuel Palencia-Lefler:

> O mecenato é algo mais do que uma simples ação de doar, já que cria um compromisso no tempo e permite repetir a mesma ação de forma continuada. Então, a ação espontânea de doar – como atuação que se finaliza com a própria doação e não tem outros objetivos que o de satisfazer uma necessidade concreta – não deve ser conceituada como "mecenato", sendo suficiente e óbvio o termo "doação".[48]

Alguma confusão poderia, ainda, subsistir em relação à diferenciação entre os institutos acima delineados e a doação modal ou onerosa, na qual "impõe-se ao donatário um dever, ou

---

[47] PEREZ DEL CAMPO, Enrique. *Comunicación fuera de los medios: "below the line"*. Madri: ESIC, 2002. pp. 115-117.

[48] Tradução livre do seguinte excerto: "*El mecenazgo es algo más que una simple acción de donar, ya que crea un compromiso en el tiempo y permite repetir la misma acción de manera continuada. Así entonces, la acción espontánea de donar —como actuación que finaliza con la propia donación y no tiene otros objetivos que el de resolver una necesidad concreta— no debe conceptuarse como «mecenazgo» siendo suficiente y obvio el término «donación»*". PALENCIA-LEFLER, Manuel. Donación, mecenazgo y patrocinio como técnicas de relaciones públicas al servicio de la responsabilidad social corporativa. *Revista ANALISI*, v. 35, 2007. p. 158.

incumbência, de satisfazer certa obrigação, seja em favor do que faz a liberalidade, ou de terceiro, ou de interesse geral".[49]

É o que ocorreu, por exemplo, na Itália, em 1998, quando a *Corti di Cassazione* proferiu sentença manifestando o entendimento de que o *accordo di patrocínio* – instrumento italiano voltado ao mecenato, em contraposição ao *contratto di sponsorizzazione* – se aproximaria de uma doação modal, porquanto não possuiria finalidade comercial. Nesse sentido, eventual divulgação da figura do mecenas não lhe resultaria vantagem proporcionalmente equivalente ao financiamento concedido.[50] Esse entendimento foi continuamente replicado na Itália, inclusive no âmbito da Corte de Contas italiana.[51]

A interpretação da *Corti di Cassazione* italiana, contudo, pode ser utilizada de forma unicamente ilustrativa, não se afigurando acertado aproximar o instituto da doação modal ao do mecenato. Ainda que em ambos os institutos seja possível apontar a característica da liberalidade, não se identifica, na doação, o intuito de prover assistência ou suporte à manutenção ou ao desenvolvimento de determinada atividade ou personagem artística, cultural, desportiva, científica ou afim. Há, tão somente, um ato de liberalidade descompromissado, desinteressado e pontual.

Contudo, é de relevo destacar que doações, ainda que modais, se feitas com regularidade em favor de atividade ou personagem artística, cultural, desportiva, científica específica, terão nítido caráter de mecenato, porquanto, conjugada à liberalidade típica das doações, haverá o *animus* de assegurar a manutenção ou o desenvolvimento daquela atividade.

Quanto à diferenciação entre o patrocínio e a doação, a liberalidade – presente nesta e ausente naquele – é o principal traço distintivo, ainda que se trate de doação modal.[52] Ademais,

---

[49] RIZZARDO, Arnaldo. *Contratos*. 13. ed. Rio de Janeiro: Forense, 2013. p. 436.

[50] *Sentenza dela Corte Suprema di Cassazione, Sezione III Civile, n. 5086. (Cass. Civ., Sez. III, 21 maggio 1998, n. 5086).*

[51] *Corte dei Conti, Sezione Regionale di Controllo per la Lombardia, Parere 1075/2010/PAR; Sezione Regionale di Controllo per la Liguria, Deliberazione n. 11/2011.*

[52] Código Civil brasileiro: "Art. 540. A doação feita em contemplação do merecimento do donatário não perde o caráter de liberalidade, como não o perde a doação remuneratória, ou a gravada, *no excedente* ao valor dos serviços remunerados ou *ao encargo imposto*" [grifo adicionado].

no contrato de doação, há o *animus donandi*, ou seja, o propósito de beneficiar voluntariamente, de maneira desinteressada, o destinatário da vontade do doador, característica não presente no contrato de patrocínio, dada sua própria natureza.

Além disso, como visto na Seção 2.2.2, o contrato de patrocínio tem caráter bilateral, oneroso e comutativo, havendo equivalência subjetiva entre a prestação e a contraprestação. E esse é mais um traço que marca a distinção entre a doação modal e o patrocínio, pois, como bem ressaltado por Pablo Stolze e Rodolfo Pamplona, a doação, ainda que onerosa, é marcada pela unilateralidade, já que o ônus que se impõe ao donatário não tem o peso de contraprestação, não existindo bilateralidade sinalagmática. Se houvesse equivalência entre a doação e o encargo – não se fala em contraprestação na doação modal –, ter-se-ia compra e venda, permuta, ou outro contrato típico ou atípico.[53]

Explicitada a diferença entre o mecenato e a doação, e entre esta e o patrocínio, cabe tecer breves linhas sobre a diferenciação entre o patrocínio e o mecenato. Já se apontou que, no primeiro, há o caráter da liberalidade, enquanto o segundo exibe finalidade comercial. Contudo, não é demais ressaltar a dificuldade prática de, em alguns casos, distinguir o mecenato do patrocínio. Embora possam ser traçadas diferenças teóricas, a perfeita caracterização de um ou de outro pode encontrar obstáculos insuperáveis.

Isso ocorre porque, embora, no mecenato, prepondere a postura altruística do mecenas, não se exclui a possibilidade de que haja alguma publicidade envolvida. A publicidade não constitui elemento determinante para caracterizar o mecenato, de modo que sua exigência a título de contraprestação não teria o condão de desvirtuar a essência desinteressada do mecenas. A caracterização como mecenato ou não, mais do que depender da veiculação de alguma publicidade, vincula-se ao *animus* daquele que financia. No mesmo sentido, observa César Garcia Novoa:

> Em síntese, a diferenciação entre um patrocínio baseado em fins altruístas e alinhado a objetivos de interesse geral [mecenato] e um

---

[53] GAGLIANO, Pablo Stolze; PAMPLONA FILHO, Rodolfo. *Novo curso de direito civil*: contratos em espécie. 6. ed. São Paulo: Saraiva, 2013. pp. 133-138 e 154.

patrocínio voltado unicamente à publicidade com interesses comerciais é difícil. Patrocínio altruístico e mensagem publicitária são compatíveis, o que exclui, em nosso juízo, uma diferenciação radical entre patrocínio publicitário e mecenato. E isso porque é ingênuo pensar um patrocínio exclusivamente altruístico. Um hipotético patrocínio "quimicamente puro", de acordo com a *Relazione Perrin in Francia*, seria um grande paradoxo, dado que dele mesmo deflui "uma atitude socialmente benfeitora e a busca por um reconhecimento social". Da mesma forma, deve-se reconhecer que, embora a causa do patrocínio seja comercial, ele apresenta um perfil de "liberalidade". A distinção é uma linha tênue (uma *bright line* na terminologia anglo-saxã), o que permite um uso alternativo destas figuras, aproveitando-se de sua ambiguidade.[54]

2.2.5 Distinção entre o patrocínio e a compra e venda

A Instrução Normativa nº 9, de 19 de dezembro de 2014, emanada pela Secretaria Especial de Comunicação Social da Presidência da República – SECOM,[55] em seu art. 2º, inciso I, define patrocínio como a "ação de comunicação que se realiza por meio da aquisição do direito de associação da marca e/ou de produtos e serviços do patrocinador a projeto de iniciativa de terceiro, mediante a celebração de contrato de patrocínio".

De maneira similar, a Instrução Normativa nº 1, de 27 de julho de 2017, também da SECOM,[56] em seu art. 4º, inciso III, apresenta a seguinte definição para o instituto:

---

[54] Tradução livre do seguinte excerto: "*In sintesi, la differenziazione tra un patrocinio basato su finalità altruistiche e concorde con il raggiungimento di scopi d'interesse generale ed un patrocinio che cerca soltanto la pubblicità con scopo imprenditoriale è difficile. Patrocinio altruistico e messagio pubblicitario sono compatibili, ciò che esclude, a nostro giudizio, una differenziazione radicale tra patrocinio pubblicitario e mecenatismo. E ciò perchè è un'ingenuità pensare ad un mecenatismo esclusivamente altruistico. Un ipotetico mecenatismo 'chimicamente puro', secondo la Relazione Perrin in Francia, sarebbe in gran paradosso dato que nello stesso confluiscono socialmente 'um atteggiamento socialmente benefattore e la ricerca narcisistica di riconoscimento sociale'. Allo stesso modo, bisogna riconoscere che, benché la causa del patrocinio pubblicitario sia mercantile, presenta un certo profilo di 'liberalità'. La distinzione è una linea poco chiara (una bright line nella terminologia anglosassone) e ciò permette l'uso alternativo di questa figura, approfittanto della sua ambiguità.*". GARCÍA NOVOA, César. Fiscalità del patrocínio di attività di interesse generale in Spagna. *Diritto e processo*, Perugia, n. 3, 2004. pp. 255-256.

[55] Disciplina o patrocínio dos órgãos e entidades da administração pública federal.

[56] Dispõe sobre a conceituação das ações de comunicação do Poder Executivo Federal e dá outras providências.

[...] ação de comunicação que busca agregar valor à marca, consolidar posicionamento, gerar identificação e reconhecimento, estreitar relacionamento com públicos de interesse, ampliar venda de produtos e serviços, divulgar programas e políticas de atuação, por meio da aquisição do direito de associação da imagem do órgão ou entidade do Poder Executivo Federal, enquanto patrocinador de projetos de iniciativa de terceiros.

Denota-se que os normativos da SECOM, quando definem o patrocínio como uma *aquisição de direito*, tendem a aproximá-lo de contrato de compra e venda ou de permuta. Daí a importância, para fins desta obra, da investigação de eventual distinção ou aproximação entre o patrocínio e esses institutos jurídicos, máxime pelo fato de as referidas instruções normativas disciplinarem o patrocínio dos órgãos e das entidades da Administração Pública federal, servindo, ainda, de parâmetro para a normatização do patrocínio no âmbito nos entes subnacionais.

A doutrina civilista[57] conceitua o contrato de compra e venda como aquele em que o vendedor transfere ao comprador o domínio de determinada coisa, mediante o pagamento de um preço. Tem-se, assim, como elementos essenciais desse negócio jurídico: o consentimento, a coisa e o preço.

Nos termos do art. 481 do Código Civil, o preço, na compra e venda, é marcado pela pecuniariedade, o que significa que a contraprestação deve ser satisfeita em determinada soma em dinheiro ou valor fiduciário equivalente. Quando satisfeita a contraprestação por outra coisa que não seja dinheiro, ter-se-á permuta,[58] aplicando-se, nesse caso, as disposições legais referentes à compra e venda, nos termos do art. 533 do Código Civil.

A coisa objeto da compra e venda poderá ser bens ou direitos, sendo tecnicamente mais correto, nesse último caso, falar-se em cessão de direitos.

---

[57] Salvo onde há disposição expressa em contrário, esta subseção foi elaborada com base nas seguintes referências: RIZZARDO, Arnaldo. *Contratos*. 13. ed. Rio de Janeiro: Forense: 2013. pp. 284-301; GAGLIANO, Pablo Stolze; PAMPLONA FILHO, Rodolfo. *Novo curso de direito civil:* contratos em espécie. 6. ed. São Paulo: Saraiva, 2013. pp. 37-53; DINIZ, Maria Helena. *Curso de direito civil brasileiro:* teoria das obrigações contratuais e extracontratuais. 26. ed. São Paulo: Saraiva, 2010. pp. 174-204; e GOMES, Orlando. *Contratos*. 26. ed. Rio de Janeiro: Forense, 2009. pp. 265-271.

[58] RIZZARDO, Arnaldo. *Contratos*. 13. ed. Rio de Janeiro: Forense: 2013. pp. 413-414.

Como bem aponta Orlando Gomes, nesse contrato, "uma das partes vende; a outra compra. A parte que se obriga a entregar a coisa com a intenção de aliená-la chama-se vendedor. Comprador, a que se obriga a pagar o preço para habilitar-se à aquisição da propriedade da coisa. O sinalagma é perfeito".

Vê-se que a compra e venda – e, pois, a permuta, nos termos do art. 533 do Código Civil – tem como fundamento a transferência do domínio da coisa ao comprador, ou seja, opera-se o fenômeno translativo do domínio. Disso decorre que, em regra, o adquirente poderá, subsequentemente à aquisição, usar, gozar e dispor da coisa, alienando-a a terceiro, por exemplo.

Essas características, ínsitas aos contratos de compra e venda e de permuta, acabam por rechaçar eventual aproximação entre esses institutos e o contrato de patrocínio. Explica-se melhor nos parágrafos a seguir.

Primeiramente, o patrocínio pode ser concedido tanto em dinheiro quanto em bens e serviços. Basta que o contrato assim disponha, estipulando ao patrocinador, por exemplo, a prestação de bens e, ao patrocinado, a contraprestação em publicidade.

Além disso, não se verifica, no patrocínio, "*aquisição do direito* de associação da marca e/ou de produtos e serviços do patrocinador a projeto de iniciativa de terceiro", como preconizam as mencionadas instruções normativas da SECOM. Isso porque o patrocinador não adquire direito de associação de sua marca, pois, na prática, não se verifica a cessão desse direito ao patrocinador.

Se, de fato, fosse verificada a cessão – com a correspondente aquisição – de direito, o patrocinador assumiria a titularidade desse direito, que poderia ser cedido a terceiro interessado em associar sua imagem à imagem do patrocinado, independentemente da anuência deste último. Essa "venda em cascata" de quota de patrocínio soa um tanto ilógica, mormente quando se considera que o patrocínio não representa um mero serviço de publicidade, mas institui uma relação jurídica, em regra, *intuitu personae*, em que as imagens do patrocinador e do patrocinado encontram-se intimamente relacionadas, em uma via de sentido dúplice. Nesse sentido, a escolha específica do sujeito patrocinado comumente consubstancia a impossibilidade de ceder ou de transmitir a terceiro o conjunto de faculdades, direitos e obrigações que em seu favor ou a seu cargo foram estabelecidas no contrato.[59]

Um exemplo pode aclarar. Suponha que um renomado atleta firmou um contrato de patrocínio com uma determinada indústria de indumentária esportiva. Assumindo que o patrocínio constitui um contrato por meio do qual o patrocinador adquire o direito de associar sua imagem à do atleta, nada obstaria que a indústria patrocinadora, valendo-se do seu poder de disposição, cedesse o referido direito a um terceiro, uma indústria tabagista, por exemplo, com evidente prejuízo à imagem do atleta. Decerto o desportista não desejaria ter sua imagem associada à de um fabricante de cigarros.[60]

No contrato patrocínio, há o direito de o patrocinador associar sua imagem à do patrocinado, mas surge também um direito recíproco de o patrocinado associar sua imagem à do patrocinador. Nesse sentido, não poderia o patrocinador, após transferir dinheiro, bens ou serviços ao patrocinado, recusar-se a ter sua imagem associada à imagem deste, pois, de um lado, restaria quebrada a boa-fé contratual, e, de outro, transmudaria o negócio jurídico em uma simples doação.

Outro aspecto que conduz à conclusão pela impropriedade de enquadrar o patrocínio como um contrato de aquisição de direito é a aparente possibilidade de se reduzir um sem-número de relações jurídicas a uma suposta "aquisição de direito".

Nos termos do art. 565 do Código Civil, por exemplo, a locação é conceituada como um contrato em que "uma das partes se obriga a ceder à outra, por tempo determinado ou não, o uso e gozo de coisa não fungível, mediante certa retribuição". À luz da "aquisição de direito", a locação poderia, impropriamente, ser considerada um

---

[59] Tradução livre do seguinte excerto: "[...] *la elección específica del sujeto esponsorizado se concreta comúnmente en la no factibilidad de ceder o transmitir a un tercero la suma de facultades, derechos y obligaciones que a su favor o a su cargo tienen su fuente en el contrato*". LABARIEGA VILLANUEVA, Pedro Alfonso. El patrocinio publicitario: una novel figura contractual, una nueva forma de comunicar y una modalidad de la estrategia de marketing. *Boletín mexicano de derecho comparado*, México, v. 41, n. 123, p. 1343-1370, dez./2008. Disponível em: <http://www.scielo.org.mx/scielo.php?script=sci_arttext&pid=S0041-86332008000300007&lng=es&nrm=iso>. Acesso em: 14 maio 2017.

[60] Não se desconhece que a Lei nº 9.294/1996, em seu art. 3º-A, inciso V, veda o patrocínio de atividades culturais ou esportivas por cigarros, cigarrilhas, charutos, cachimbos ou qualquer outro produto fumígeno, derivado ou não do tabaco. O exemplo oferecido tem finalidade meramente ilustrativa.

contrato em que o locatário adquire o direito de usar e gozar coisa não fungível, por tempo determinado ou não, mediante retribuição. Até mesmo a própria compra e venda poderia ser equiparada à aquisição do direito de usar, gozar e dispor da coisa objeto do negócio jurídico.

Como já exposto, historicamente sempre se pretendeu caracterizar o contrato de patrocínio em termos de um determinado contrato típico, ou de uma conjugação deles. Contudo, o instituto encerra complexidade teórica e diversidade prática que extravasam os conceitos e as definições atinentes aos contratos típicos, sendo inevitável reconhecê-lo como um contrato genuinamente atípico.

Diante dessas considerações, não parece acertado definir o instituto do patrocínio como uma mera aquisição de direito de associação da imagem do patrocinador a projeto de terceiros, tal como consignado na Instrução Normativa nº 9/2014 e na Instrução Normativa nº 1/2017, ambas da SECOM. Muito mais acertada, por outro lado, era a definição que trazia o art. 2º, inciso I, da Instrução Normativa nº 1/2009, também da SECOM, que antecedeu a Instrução nº 9/2014: patrocínio é o "apoio financeiro concedido a projetos de iniciativa de terceiros, com o objetivo de divulgar atuação, fortalecer conceito, agregar valor à marca, incrementar vendas, gerar reconhecimento ou ampliar relacionamento do patrocinador com seus públicos de interesse".

CAPÍTULO 3

O PATROCÍNIO ATIVO NO ÂMBITO DA ADMINISTRAÇÃO PÚBLICA

Conforme apontado no capítulo de Introdução, o instituto do patrocínio já de há muito é utilizado pela Administração Pública contemporânea, seja em sua versão passiva – em que a Administração figura como patrocinada, levantando recursos privados, a fim de prover utilidades públicas, em troca da publicitação da imagem do particular patrocinador –, seja em sua versão ativa – em que a Administração transfere recursos públicos a um particular, para que este execute determinado projeto, associando a imagem do órgão ou da entidade patrocinadora à atividade ou ao evento patrocinado. Para fins desta obra, contudo, importa investigar, somente, a atividade patrocinadora ativa da Administração.

A despeito da ampla utilização do patrocínio ativo pela Administração Pública brasileira, a normatização do instituto é rarefeita, o que é agravado pela parca atenção dispensada pela doutrina ao tema. A falta de normatização ecoa, inclusive, nos tribunais de contas, que, não raro, divergem, inclusive internamente, sobre o tratamento que deve ser dispensado a esse contrato.

Agrava esse cenário uma evidente falta de transparência que permeia esse instrumento no âmbito da Administração Pública nas três esferas de governo, o que inviabiliza a pesquisa por informações atualizadas sobre esse tipo de instrumento.[61]

---

[61] Embora, em âmbito federal, haja um portal voltado à divulgação de informações sobre patrocínios concedidos pelo Executivo federal (http://www.secom.gov.br/atuacao/patrocinio), os dados lá veiculados são consolidados e pouco explicativos sobre a atuação isolada de cada um dos patrocinadores. Em âmbito subnacional, são ainda mais escassas – quando existentes – as informações disponibilizadas.

A despeito disso, o Estado patrocinador mostra-se cada vez mais atuante, valendo-se desse instrumento contratual para a consecução de seus fins, o que suscita uma série de indagações quanto à conformidade dessa atuação, mormente quanto aos vetores principiológicos da legalidade, da moralidade, da impessoalidade, da legitimidade, da economicidade, da conveniência, do atendimento ao interesse público, entre tantos outros.

Na tentativa de oferecer uma resposta a alguns desses questionamentos, serão coligidas, a seguir, algumas análises sobre a atividade patrocinadora ativa da Administração Pública e a legitimidade da utilização desse instrumento para a consecução das funções estatais.

3.1 Considerações preliminares

3.3.1 A celebração de contratos atípicos pela Administração Pública

Como visto até aqui, há consenso na doutrina de que o contrato de patrocínio se trata de um contrato atípico, ou seja, não há previsão ou regulamento expresso para esse tipo de negócio jurídico no direito brasileiro. Em consequência, prevalece a liberdade contratual entre as partes, que têm autonomia para estipular suas cláusulas e definir obrigações, desde que atendidos os preceitos gerais estabelecidos nos arts. 104 e 107 do Código Civil.

Uma questão que antecede qualquer debate, então, é saber se, ante a referida atipicidade, a Administração Pública estaria autorizada a celebrar contratos atípicos.

Pontuou-se, nas linhas iniciais desta obra, que o Direito Administrativo encontra-se em permanente evolução. Isso ocorre porque

> [...] da concepção de Estado decorrem consequências no âmbito das instituições públicas, sobretudo governamental e administrativa. Se a disciplina jurídica da Administração pública centraliza-se no direito administrativo e se a Administração integra a organização estatal, evidente que o modo de ser e de atuar do Estado e seus

valores repercutem na configuração dos conceitos e institutos desse ramo do direito.[62]

Ademais, é intuitiva a conclusão de que a multiplicação e a evolução das demandas sociais e estatais caminham em passos mais céleres do que a sistematização jurídica da atuação administrativa. Nesse cenário, a obediência acrítica ao princípio da legalidade – que, em sua concepção tradicional, sujeita a atuação estatal à expressa prescrição legal, o que exige, em regra, vencer um processo legislativo que pode se mostrar mais ou menos célere, a depender da matéria – pode constituir verdadeiro óbice à consecução das funções administrativas e ao atendimento do interesse público. De fato,

> [...] o Estado Providência criou para a Administração Pública uma série de novas atribuições que não estavam expressamente previstas nas leis. Ademais, o aumento significativo do grau de complexidade das relações econômicas e sociais que vieram a demandar a pronta intervenção e ordenação do Estado passaram a não mais caber dentro da lentidão e generalidade do processo legislativo formal.[63]

Por isso, a doutrina administrativista moderna aponta para a chamada crise – ou esvaziamento – do princípio da legalidade. Odete Medauar, ao perscrutar os ensinamentos de diversos administrativistas, assevera que o princípio da legalidade não tem condições de apreender a diversidade e a complexidade da atuação administrativa, sendo inviável a submissão total da Administração à lei:

> Com efeito, a concepção da legalidade como subsunção engessa a Administração Pública, impedindo-a de encontrar novas soluções ante aceleradas mudanças na sociedade; daí, tornar-se relevante conferir outra fisionomia ao princípio da legalidade, sem abandoná-lo.[64]

Nesse sentido, a inteligência contemporânea do princípio da legalidade administrativa perpassa pela superação do paradigma

---

[62] MEDAUAR, Odete. *O direito administrativo em evolução*. 3. ed. Brasília: Gazeta Jurídica, 2017. pp. 75-76.

[63] BINENBOJM, Gustavo. *Uma teoria do direito administrativo: direitos fundamentais, democracia e constitucionalização*. 3. ed. Rio de Janeiro: Renovar, 2014. p. 35.

[64] MEDAUAR, Odete. *O direito administrativo em evolução*. 3. ed. Brasília: Gazeta Jurídica, 2017. pp. 166-168.

comumente difundido de vinculação da Administração à lei formal. A atividade passa a ser dirigida pelo que Gustavo Binenbojm chama de *bloco de legalidade*, assim entendido o ordenamento jurídico como um todo sistêmico:

> Contudo, pelas razões já estudadas acima, atinentes à crise da lei formal, assim como em virtude da emergência do *neoconstitucionalismo*, não mais se pode pretender explicar as relações da Administração Púbica com o ordenamento jurídico à base de uma *vinculação positiva à lei*. Com efeito, a vinculação da atividade administrativa ao direito não obedece a um esquema único, nem se reduz a um tipo específico de norma jurídica – a lei formal. Essa vinculação, ao revés, dá-se em relação ao ordenamento jurídico como uma *unidade* (Constituição, leis, regulamentos gerais, regulamentos setoriais), expressando-se em *diferentes graus* e *distintos tipos de normas*, conforme a disciplina estabelecida na matriz constitucional.[65]

Marcos Augusto Perez, na mesma linha, defende que a legalidade não pode constituir uma camisa de força para a Administração, como uma mera regra de funcionamento da máquina estatal. O princípio da legalidade não encerra uma finalidade em si mesmo, mas pauta-se pela consecução da finalidade administrativa de concretude de direitos fundamentais. Logo, tem-se um enfraquecimento da lei enquanto instrumento legítimo e efetivo de normatização das ações da sociedade e do Estado. Avança-se, assim, de uma concepção formalista do Estado de Direito para o desenvolvimento de concepção material ou substancial do Estado de Direito.[66]

Nesse contexto, sendo certo que o contrato administrativo é um dos principais instrumentos disponíveis à Administração Púbica para o cumprimento de suas funções, sobretudo aquela voltada a dar concretude aos direitos fundamentais, a celebração de contratos atípicos pela Administração pode revelar-se, muitas vezes, a solução mais adequada – ou talvez a única solução possível –

---

[65] BINENBOJM, Gustavo. *Uma teoria do direito administrativo:* direitos fundamentais, democracia e constitucionalização. 3. ed. Rio de Janeiro: Renovar, 2014. p. 147.

[66] PEREZ, Marcos Augusto. *A administração pública democrática:* institutos de participação popular na administração pública. Belo Horizonte: Fórum, 2004. pp. 56-66.

CAPÍTULO 3
O PATROCÍNIO ATIVO NO ÂMBITO DA ADMINISTRAÇÃO PÚBLICA | 53

ao atendimento do interesse público, ante a circunstância concreta verificada.[67]

Logo, o contrato de patrocínio, conquanto seja um contrato atípico, é um dos instrumentos de que pode se valer a Administração Pública para a consecução de suas finalidades,[68] desde que observado o *bloco de legalidade* que serve de vetor à atuação administrativa.

3.1.2 O patrocínio ativo estatal: natureza contratual ou de convênio?

Outra questão preliminar a ser superada é investigar se a relação entre o patrocinador público e o patrocinado se instrumentaliza por meio de um contrato administrativo ou de um convênio administrativo.

Não se desconhece que, a partir da vigência da Lei nº 13.019/2014, sob o título de *convênio*, somente poderão ser estabelecidas relações entre entes federados ou pessoas jurídicas a eles vinculadas, bem como entre instituições privadas e o Estado visando à participação de forma complementar no Sistema Único de Saúde. As parcerias entre a Administração Pública e as organizações da sociedade civil para a consecução de finalidades de interesse público e recíproco, a partir da edição da referida Lei, passaram a ser denominadas *termo de colaboração* e *termo de fomento*.[69] Não obstante, na digressão a seguir, será utilizada a expressão *convênio* na acepção consagrada na doutrina administrativista brasileira,

---

[67] MARQUES NETO, Floriano de Azevedo; CUNHA, Carlos Eduardo Bergamini. Locação de ativos. *Revista de contratos públicos*, Belo Horizonte, ano 3, n. 3, p. 99-129, mar./ago., 2013. No mesmo sentido: ALMEIDA, Fernando Dias Menezes de. *Contrato Administrativo*. São Paulo: Quartier Latin, 2012. p. 215.

[68] FERRETTI, Alessandro. *Le sponsorizzazioni pubbliche:* struttura e tipologia, casi pratici, formulario. Milão: Giuffrè, 2009. p. 10; MAZZILLI, Antonio D.; MARI, Giuseppina; CHIEPPA, Roberto. I contratti esclusi dall'applicazione del codice dei contratti pubblici. In: SANDULLI, Maria Alessandra; DE NICTOLIS, Rosanna; GAROFOLI, Roberto (Coord.). *Trattato sui contratti pubblici: volume I:* I principi generali. I contratti pubblici. I soggetti. Milão: Giuffrè, 2008. pp. 464-467.

[69] *Cf.* os seguintes dispositivos: art. 2º, incisos VII e VIII; art. 3º, inciso IV; e arts. 84 e 84-A, todos da Lei nº 13.019/2014; e art. 199, §1º, da Constituição da República.

representando a associação entre a Administração e entidades privadas sem finalidade lucrativa para a consecução de projeto de interesse recíproco e em regime de mútua cooperação.[70] Quanto à caracterização do patrocínio estatal ativo como contrato ou convênio, a escassíssima doutrina pátria sobre o tema manifesta posições divergentes. Rafael Véras Freitas, por exemplo, considera o patrocínio estatal ativo como um acordo de cooperação, orientado pelo princípio da consensualidade. Por isso, insere-o nas espécies de parcerias em sentido amplo celebradas com a iniciativa privada, inferindo que "o 'Contrato de Patrocínio' celebrado entre o Poder Público e o particular tem *natureza jurídica de convênio administrativo".*[71]

Em sentido oposto, Erick Tavares Ribeiro assevera o seguinte:

> Embora se possa extrair um interesse estatal na promoção da cultura ou do esporte, para ficar com apenas dois exemplos, deve estar presente um objetivo de retorno para a imagem, o que é um traço intrínseco aos contratos de patrocínio. Fosse o motor do poder público exclusivamente o interesse cultural, estaríamos diante da inadequação do contrato para o atingimento da finalidade, sendo recomendável a utilização do convênio na hipótese.[72]

A dificuldade em divisar as especificidades típicas do patrocínio ativo da Administração, e, a partir daí, conferir natureza de contrato ou de convênio ao instrumento, foi enfrentada também pelo Tribunal de Contas da União – TCU em mais de uma oportunidade, sendo as decisões mais relevantes as constantes dos Acórdãos nºs 2.914/2015 e 2.445/2016, ambos do Plenário do Tribunal. Dada a sua relevância, teceremos, a seguir, algumas considerações sobre essas deliberações.

---

[70] *Cf.* art. 1º, §1º, inciso I, do Decreto nº 6.170/2007, que dispõe sobre as normas relativas às transferências de recursos da União mediante convênios e contratos de repasse, e dá outras providências.

[71] FREITAS, Rafael Véras de. O regime jurídico dos contratos de patrocínio celebrados pelo poder público. *Revista de direito público e economia*, Belo Horizonte, ano 11, n. 43, pp. 215-234, jul./set. 2013.

[72] RIBEIRO, Erick Tavares. Os contratos de patrocínio com o Estado como forma de fomento ao turismo no país. *Fórum de contratação e gestão pública*. Belo Horizonte, ano 13, n. 156, dez. 2014, p. 27.

CAPÍTULO 3
O PATROCÍNIO ATIVO NO ÂMBITO DA ADMINISTRAÇÃO PÚBLICA

A controvérsia que culminou no Acórdão nº 2.914/2015-Plenário adveio de um incidente de uniformização de jurisprudência suscitado pelo Corpo Técnico do TCU. Embora o debate tenha versado sobre a obrigatoriedade de prestação de contas em decorrência de contratos de patrocínio estatal ativo, tangenciou-se a questão da natureza – se contratos, se convênios – desses instrumentos. Pela importância, transcreve-se condensada explicação delineada pelo Ministro Relator em seu voto:

> De fato, o tema requer uma análise diferenciada em função das circunstâncias particulares de cada caso. A dificuldade de análise por parte do patrocinador, como também por parte deste Tribunal para os eventos de patrocínios está, exatamente, nos "pactos de diferentes naturezas, revelando as circunstâncias particulares de cada caso concreto, acima da designação que eventualmente se lhe tenha dado, se o acordo firmado cuida de contrato ou de convênio", como muito bem asseverou no Representante do *Parquet* especializado.
>
> No caso de contrato, não há que se falar em prestação de contas quanto à destinação dos recursos, já que se deve acompanhar, cobrar, certificar-se do adimplemento, por parte da contratada, das obrigações assumidas. A alusão ao "preço" feita no Parecer do Representante do MP/TCU é bastante pertinente, quando analisa existir um "pagamento" pela contraprestação de um serviço, que geralmente é a exposição e divulgação da marca do patrocinador.
>
> No caso dos convênios, existe uma divisão de esforços ou uma soma de interesses, mesmo que o desembolso seja feito pelo patrocinador e a divulgação da marca, dos produtos, seja feita pela outra parte. Nesse caso, há que se ter a prestação de contas. [grifo no original]

Pelo excerto de voto supratranscrito – que se alinhou à sugestão formulada pelo Ministério Público junto ao TCU[73] – não

---

[73] Vale o conhecimento de seus termos: "Manifesto-me, no mérito, de acordo com a proposta da unidade técnica, ainda que por fundamentos parcialmente distintos. Não concordo, porém, com a proposta preliminar, que aponta a necessidade de TCU dirimir divergência jurisprudencial. Estou de acordo com as considerações da unidade técnica acerca da dificuldade do tema e das dúvidas que podem ter confundido os gestores. Mesmo para o TCU tem sido difícil, por vezes, fazer a devida distinção das situações na quais o ajuste firmado entre a Petrobras e o particular exige a apresentação de prestação de contas por parte deste ou apenas a comprovação da execução do objeto. Mas não vejo razão para o Tribunal uniformizar sua jurisprudência. Ao contrário até, reputo que os casos da espécie que ora se examina, reclamam mesmo, em geral, tratamento diferenciado. Creio que a oscilação da jurisprudência verificada pela unidade técnica se deve, em grande parte, ao fato de que, sob o mesmo título de 'patrocínio', as entidades públicas firmam pactos de diferentes naturezas, revelando as circunstâncias particulares de cada caso concreto, acima da designação que eventualmente se lhe tenha dado, se o acordo firmado cuida

foi dirimida a divergência jurisprudencial no âmbito do Tribunal, ficando assentado, no Acórdão, que à Corte de Contas Federal competiria analisar as especificidades do caso concreto. No ano seguinte, a Corte prolatou o Acórdão nº 2.445/2016-Plenário, em que se analisou a necessidade de abertura de conta bancária específica para a movimentação de recursos transferidos via contratos de patrocínios celebrados por determinada sociedade de economia mista federal. Ao analisar a questão, o Relator reconheceu que os contratos de patrocínio não podem ser plenamente equiparados a convênios ou contratos de repasse, tampouco se consubstanciam em meros contratos de publicidade. E, imergindo mais profundamente na temática, manifestou-se no seguinte sentido:

> 15. No meu entender, a jurisprudência do Tribunal ainda carece de maior amadurecimento acerca da temática que envolve os chamados "contratos de patrocínio".
> 16. Se é certo que esse tipo de contrato não pode ser plenamente equiparado a um convênio ou um contrato de repasse, tampouco se iguala a mero contrato de publicidade, porquanto se busca direcionar os recursos à promoção de determinado objetivo. A partir desse raciocínio, o Tribunal tem, na maior parte das vezes, exigido prestação de contas em contratos de patrocínio (Acórdãos 2.914/2015, 3.440/2014, 2.594/2013, 922/2009, todos do Plenário).
> [...]
> 20. Todavia, o Tribunal já se deparou com casos concretos cujas circunstâncias levaram-no a concluir que "os recursos repassados mediante patrocínio não estão vinculados às despesas a serem realizadas, mas ao retorno publicitário dele advindo" (Acórdão 1.785/2003-TCU-Plenário) e que a "contrapartida para o patrocínio seria a exposição da imagem do patrocinador, não havendo que se falar em aplicação indevida de recursos, salvo se houvesse negociação entre as partes vinculando a aplicação dos recursos em finalidades específicas" (Acórdão 1.973/2012-TCU-Plenário).

---

de contrato ou de convênio. No primeiro caso fala-se em 'preço' e em contraprestação de serviço, em geral, a exibição da marca do patrocinador, não incidindo, por conseguinte, o dever de prestar contas quanto à destinação dos recursos. Interessa nesse caso, tão somente, o adimplemento da obrigação contratual pela contratada. No segundo caso, no lugar de preço, cuida-se da divisão dos esforços, ainda que caiba apenas a uma das partes o desembolso financeiro e a outra a divulgação da marca. Não há aí contraprestação propriamente dita, mas contrapartida, sendo, então, devida a prestação de contas. Considero, pois, que o Tribunal, atento as circunstâncias do caso concreto, pode admitir tratamento diferenciado aos chamados 'contratos de patrocínio', ainda que se deva concordar com a necessidade de que, a bem da clareza, tal distinção passe a ser feita de modo mais explícito pelo TCU nas suas deliberações".

O PATROCÍNIO ATIVO NO ÂMBITO DA ADMINISTRAÇÃO PÚBLICA

21. Diante desse contexto, estou de acordo com as conclusões do Tribunal quando, por ocasião do Acórdão 2.914/2015-TCU-Plenário. [...]

22. Dessa forma, ao menos enquanto não houver consolidação numa ou noutra direção, entendo adequado que cada decisão se atenha às circunstâncias que pautam aquele caso concreto, adotando uma postura de maior cautela, desprovida da pretensão de extrapolar conclusões a contextos ainda não analisados com maior profundidade.

[...]

33. Registro que não estou antecipando meu posicionamento acerca da matéria. Nada impede que, no âmbito de outro processo, apreciando elementos distintos e diante de um contexto mais abrangente, o Tribunal detenha-se sobre o conjunto de normas que regem as atividades da Eletrobras e entenda ser cabível a exigência de conta bancária específica para contratos de patrocínio.

34. Meu posicionamento nesta decisão baseia-se exclusivamente no fato de que os elementos da auditoria permitiam exclusivamente uma análise sobre os fatos ocorridos. Não havia qualquer pretensão de reger casos futuros, como fica patente na proposta de encaminhamento da equipe, que consistia apenas em cientificar a Eletrobras das ocorrências.

35. Vale frisar: com a decisão que ora submeto ao Plenário, ainda que se abstenha de proferir determinação para casos futuros, não está o TCU deliberando sobre a possibilidade de que os recursos transferidos via contrato de patrocínio sejam movimentados por contas diversas.

Vê-se que a Corte de Contas tende a rechaçar uma equiparação plena entre os contratos de patrocínio e os convênios administrativos, não obstante algumas cláusulas inerentes a esses ajustes – como a prestação de contas e a movimentação de recursos em conta vinculada – possam ser integradas àqueles contratos, sem desnaturar a sua essência.

Em deliberação também datada do final de 2016, o Tribunal de Contas do Distrito Federal – TCDF, considerando a necessidade de estabelecer orientação apta a regular as questões relativas à concessão de patrocínio por órgãos e entidades públicas distritais, emanou a Decisão nº 6.056/2016, em que, entre outros, restou determinado, a todos os jurisdicionados, que os contratos de patrocínio devem ser informados por cláusulas como: prestação de contas; comprovação de aplicação dos recursos repassados ao objeto patrocinado; abertura de conta específica; necessidade de informar se outros patrocinadores públicos ou provados concorrem ativamente para o patrocínio; necessidade de prestação de contas conjunta quando houver mais de um ente ou órgão distrital na condição de patrocinador. Na hipótese, não houve o enquadramento dos patrocínios distritais na categoria de contrato ou de convênio, mas, pelo teor da determinação, denota-se que a Corte de Contas distrital entendeu por disciplinar essas relações jurídicas segundo normas e princípios típicos de convênios.[74]

Até mesmo no âmbito do Poder Judiciário o debate tem espaço. Apenas a título de exemplo, remete-se ao voto condutor do Acórdão proferido no bojo da Apelação Cível nº 5000830-55.2013.404.7216/ SC, interposta perante o Tribunal Regional Federal da 4ª Região. O Desembargador Relator, conquanto não tenha, peremptoriamente, se manifestado acerca da natureza jurídica do instituto, explicitou a controvérsia,[75] e pontuou, em voto acompanhado por unanimidade pela 3ª Turma, que a prestação de contas é sempre devida, sendo irrelevante tratar-se de convênio de patrocínio ou de contrato de patrocínio.

Diante disso, vale o questionamento: a Administração Pública, ao instrumentalizar suas ações ativas de patrocínio, vale-se de contrato administrativo ou de convênio administrativo?

Um indício poderia ser buscado na doutrina civilista pátria sobre os contratos associativos e cooperativos, que são caracterizados pela coincidência de fins.[76] Caso seja possível identificar fins comuns entre

---

[74] DISTRITO FEDERAL. TRIBUNAL DE CONTAS DO DISTRITO FEDERAL. PLENÁRIO. Decisão nº 6.056/2016. Relator Conselheiro Paulo Tadeu Vale da Silva. Publicada em 13 dez. 2016. Disponível em: <http://www.tc.df.gov.br>. Acesso em: 17 jun. 2017.

[75] É de relevo trazer parte do voto: "De início, impõe-se identificar se o contrato questionado nos autos trata-se de contrato de patrocínio ou convênio, bem como se há ou não necessidade de prestação de contas quanto às verbas repassadas pela sociedade de economia mista. Ambos os apelantes defendem a natureza jurídica do contrato de patrocínio, argumentando que nesta espécie o contratado pode dispor livremente dos recursos investidos, não podendo haver vinculação ao custeio de determinadas despesas ou imposição da obrigação de prestação de contas. Afirmam que o patrocínio conceitua-se, de acordo com a SECOM – Secretaria de Comunicação do Governo Federal, como *'o apoio financeiro ou não, concedido a ações de terceiros para agregar valor à marca e ou divulgar produtos, serviços, programas, projetos, políticas e ações do patrocinador junto a seus públicos de interesse'*. Recentemente o TCU analisou os contratos de patrocínio no âmbito da Petrobrás, proferindo o acórdão n.º 2594/2013 [...] Portanto, ainda que se trate de contrato de patrocínio, sendo o patrocinador integrante da administração indireta, não há como dispensar-se a exigência de prestação de contas, sob pena de ofensa ao interesse geral de cautela, a teor do que prevê o art. 70 da CF, em especial seu § único [...]". *Cf.* BRASIL. TRIBUNAL REGIONAL FEDERAL DA 4.ª REGIÃO. 3.ª TURMA. Apelação Cível nº 5000830-55.2013.404.7216/SC. Relator Desembargador Federal Fernando Quadros da Silva. Relatório, Voto e Acórdão. Disponível em: <http://www.trf4.jus.br>. Acesso em: 17 jun. 2017.

[76] Sobre os contratos associativos, valem os ensinamentos de Orlando Gomes: "Nesses contratos, não se verifica a interdependência das obrigações das partes. A prestação de um dos contratantes não é a causa da contraprestação do outro. Têm, contudo, causa

CAPÍTULO 3
O PATROCÍNIO ATIVO NO ÂMBITO DA ADMINISTRAÇÃO PÚBLICA | 59

as partes, pode-se intentar uma aproximação entre os contratos de patrocínio e os convênios administrativos. É o que se analisa a seguir.

A doutrina forânea,[77] com poucas dissensões, rechaça a classificação do contrato de patrocínio como um contato associativo. Isso porque, nas precisas palavras de Alessandro Ferreti, as posições do patrocinador e do patrocinado não podem ser consideradas comuns, já que os interesses são diversos, assim como as atividades desempenhadas por um e por outro. Ademais, a máxima efetividade da promoção publicitária encontra-se exclusivamente nas mãos de apenas uma das partes, de modo que o que se tem, de fato, é uma relação bilateral, onerosa e sinalagmática.[78]

A doutrina coligida reforça um ponto já verificado anteriormente, qual seja, a bilateralidade e a onerosidade da avença. Trata-se, portanto, de um instrumento em que as partes assumem, a um só tempo e de forma recíproca e interdependente, posição credora e devedora da outra parte. O sacrifício patrimonial percebido por um corresponderá ao benefício percebido pelo outro.

São claramente identificáveis, portanto, a prestação e a contraprestação. Ao patrocinador compete prover patrocínio na

---

onerosa. São considerados negócios plurilaterais. Sustentam alguns que não possuem natureza contratual, particularmente a sociedade. Outros os apontam como contratos que têm, ou podem ter, mais de duas partes, entendendo que são até sinalagmáticos, no sentido lato da expressão, não coincidente com o de interdependência de obrigações. [...] A atividade concorrente das partes para a realização de fim comum não se realiza somente sob forma associativa. Há negócios destinados a estabelecer a cooperação entre as partes, sem que, entretanto, estas se associem, isto é, assumam os riscos do empreendimento. Nesses negócios, as pessoas não se obrigam, como nos associativos, ao exercício comum de atividade econômica com o ânimo de repartir os lucros ou suportar as perdas. Mas atuam, independentemente, sem vínculos associativos, pelo concurso de atividades". GOMES, Orlando. *Contratos*. 26. ed. Rio de Janeiro: Forense, 2009. pp. 105-106.

[77] Sobre o entendimento majoritário e eventuais divergências, *cf.* SANCTIS, Velia de. *Le Sponsorizzazioni:* analisi di um fenomeno. Nápoles: Liguori, 2006. p. 3; SANTORO, Pelino; SANTORO, Evaristo. *Nuovo manuale dei contratti pubblici*. Santarcangelo di Romagna: Maggioli, 2011. p. 947; MAZZILLI, Antonio D.; MARI, Giuseppina; CHIEPPA, Roberto. I contratti esclusi dall'applicazione del codice dei contratti pubblici. In: SANDULLI, Maria Alessandra; DE NICTOLIS, Rosanna; GAROFOLI, Roberto (Coord.). *Trattato sui contratti pubblici: volume I:* I principi generali. I contratti pubblici. I soggetti. Milão: Giuffrè, 2008. pp. 461-462.

[78] Tradução livre. No original: *Si è propensi a non accogliere questo orientamento in quanto le posizioni dello sponsor e dello sponsee non sono per nulla comuni. Gli interessi perseguiti sono diversi così come le attività che sono poste in essere, ciascuno dal proprio lato. Non v'è chi non veda che il perseguimento del massimo ritorno pubblicitario potrà essere solo in capo ad una delle due parti (lo sponsor) e non certo in comune, né risulta alcun legame associativo tra le parti, ma solo un esclusivo legame sinallagmatico. Cf.* FERRETI, Alessandro. *Le sponsorizazione publiche:* strutura e tipologia – casi pratici, formulario. Milão: Giuffrè, 2009. p. 8-9.

forma estipulada – recursos financeiros, bens, serviços ou outros –, enquanto ao patrocinado compete empreender os melhores esforços visando à promoção publicitária do patrocinador associada ao objeto do patrocínio. Não há identidade de fins nessa configuração. A finalidade primeira do patrocinador é beneficiar-se da difusão de sua imagem vinculada ao objeto patrocinado; a finalidade primeira do patrocinado é perceber o patrocínio.

A consecução do objeto patrocinado pode ser considerada uma finalidade comum do contrato de patrocínio, mas sua natureza é de uma finalidade acessória. Ao patrocinar um evento, por exemplo, a mera realização do objeto patrocinado não culmina no adimplemento do contrato. É necessário haver a vinculação entre a difusão da imagem do patrocinador e, obviamente, a realização do evento.

Diante de finalidades e interesses diversos, não se sustentam os entendimentos que equiparam os contratos de patrocínios e os convênios.

Pode-se oferecer, ainda, um argumento adicional a roborar tal conclusão.

A moderna teoria administrativa vem condenando a tradicional separação estanque entre convênios e contratos administrativos, uma vez que, diante da diversidade das parcerias firmadas entre o Estado e os particulares, aqueles instrumentos estão se contratualizando, com nítidas estipulações de prestações e contraprestações.[79]

Ademais, a identificação e a segregação do que é interesse comum e interesse divergente não se mostra critério suficiente para delimitar a adequação, à espécie, de um contrato ou de um convênio, pois, ainda que haja uma única posição jurídica para as partes, a relação poderá basear-se no estabelecimento de obrigações mútuas e recíprocas, sendo mais adequado, portanto, a figura jurídica do contrato.[80]

Odete Medauar, ao demonstrar que os critérios relativos ao interesse – convergente ou divergente –, à remuneração, às

---

[79] SUNDFELD, Carlos Ari; SOUZA, Rodrigo Pagani de. As modernas parcerias públicas com o terceiro setor. In: SUNDFELD, Carlos Ari (Coord.). In: *Contratações públicas e seu controle*. São Paulo: Malheiros, 2013. pp. 43-61.

[80] ALMEIDA, Fernando Dias Menezes de. *Contrato administrativo*. São Paulo: Quartier Latin, 2015. pp. 242-246.

CAPÍTULO 3
O PATROCÍNIO ATIVO NO ÂMBITO DA ADMINISTRAÇÃO PÚBLICA | 61

obrigações recíprocas, entre outros, são insuficientes para diferenciar de forma inequívoca contratos e convênios administrativos, conclui tratar-se de figuras de mesma natureza e pertencentes à mesma categoria: a contratual.[81] Assim, reconhecendo que a tradicional descrição de convênio baseada em interesses convergentes e divergentes, tal como proposta por Hely Lopes Meireles, é obsoleta, Carlos Ari Sundfeld e Rodrigo Pagani concluem:

> Diante desse contexto, perde o sentido continuar a chamá-las [as modernas parcerias do Estado com o Terceiro Setor] de modo neutro e cresce a necessidade de que sejam reconhecidas como *contratos* que são (ou, pelo menos, melhor chamá-las de *contratos de parceria, de colaboração, de fomento,* ou algo do gênero, mas sempre de *contratos*). Não mais se justifica o apego a apelidos descompassados com a realidade das modernas parcerias, ou mesmo a fórmulas de redação contratual (por exemplo: alusão às partes como "partícipes", ao objeto como "conjunção de esforços em prol de um objetivo comum"), que mais servem para confundir que para precisar a verdadeira relação formalizada pelo instrumento.[82] [grifos no original]

O contrato administrativo, por assim dizer, tem uma amplitude muito maior do que aquela preceituada pela apegada visão da doutrina tradicional, abarcando, até mesmo, parcerias firmadas entre a Administração e a iniciativa privada sem fins lucrativos para a consecução do interesse público.[83] A dicotomia entre contratos administrativos e convênios é, nas palavras de Vitor Schirato, "uma distinção que muito diz e nada explica, [...] destinada a trazer solução para problemas criados pela teoria, que são insolúveis na prática, a partir da aplicação dessa mesma teoria".[84]

---

[81] MEDAUAR, Odete. *Direito administrativo moderno.* 20. ed. São Paulo: Revista dos Tribunais, 2016. pp. 282-286.

[82] SUNDFELD, Carlos Ari; SOUZA, Rodrigo Pagani de. As modernas parcerias públicas com o terceiro setor. In: SUNDFELD, Carlos Ari (Coord.). In: *Contratações públicas e seu controle.* São Paulo: Malheiros, 2013. pp. 44-45.

[83] SCHIRATO, Vitor Rhein. A interação entre Administração Pública e particulares nos contratos administrativos. *Fórum de contratação e gestão pública*, Belo Horizonte, ano 12, n. 138, p. 51-69, jun. 2013. Embora o autor discorra acerca da suposta dicotomia existente entre os "contratos administrativos" e os "contratos da administração", a conclusão parece perfeitamente transportável para a pretensa dicotomia existente entre os convênios e os contratos administrativos.

[84] SCHIRATO, Vitor Rhein. Contratos administrativos e contratos da Administração Pública:

Nesse sentido, é essencial observar o conteúdo da avença para definir a sua disciplina jurídica. Diante de obrigações contrapostas e estáveis, com o delineamento de atividades a serem desempenhadas pelo "conveniado" (prestação) em troca de "repasses" predefinidos (contraprestação), o vínculo contratual será preferível ao vínculo associativo ou colaborativo, ainda que o instrumento que formaliza a relação seja nominado como "convênio".[85]

Ante tais argumentos, não se vê alternativa senão refutar as tentativas de enquadrar o contrato de patrocínio na moldura dos convênios administrativos. Como primeiro argumento, destaca-se que a avença estabelece uma relação genuinamente contratual, em que há prestação e contraprestação, reciprocamente dependentes. Como segundo argumento, postula-se que os interesses, de um lado, do patrocinador, e de outro, do patrocinado, vão em direções que não se interceptam: patrocinador visa à difusão publicitária de sua imagem associada ao objeto do patrocínio, enquanto o patrocinador tem como fim beneficiar-se do patrocínio prestado. Por último, tal como apontado, mostra-se necessário rever o próprio conceito de convênio – labor a que a academia e a doutrina já vêm se dedicando –, uma vez que a conceituação estanque desse instituto, em contraposição ao conceito de contrato administrativo, constitui conteúdo teórico que cada vez menos explica a mutante, dinâmica e rica realidade da Administração.

3.1.3 Publicidade na Administração Pública

As ações de patrocínio realizadas pela Administração Pública, embora não constituam *serviços de publicidade* – na acepção técnica do termo *serviço* –, têm como fim a veiculação de imagem do patrocinador de maneira intimamente relacionada à imagem da pessoa ou do objeto patrocinado. Logo, a despeito de

---

pertinência da diferenciação?. *Revista de contratos públicos*, Belo Horizonte, ano 2, n. 2, p. 177-186, set. 2012/fev. 2013.

[85] CÂMARA, Jacintho Arruda. Contratos, ajustes e acordos entre entes administrativos e entidades sem fins lucrativos. In: DI PIETRO, Maria Sylvia Zanella. *Tratado de direito administrativo*. São Paulo: Revista dos Tribunais, 2016, v. 6. pp. 495-497.

CAPÍTULO 3
O PATROCÍNIO ATIVO NO ÂMBITO DA ADMINISTRAÇÃO PÚBLICA | 63

não caracterizar uma prestação de serviço, não há como negar sua natureza publicitária, tratando-se de um *instrumento* de publicidade indireta.[86] Nesse cenário, é pertinente o seguinte questionamento: a que se presta a publicidade no âmbito da Administração Pública?

No Brasil, atualmente, a atividade publicitária é regida pela Lei nº 4.680/1995 e pelo seu regulamento, o Decreto nº 57.690/1966 e alterações posteriores. Aplicam-se, também, as Normas-Padrão da Atividade Publicitária.[87]

No âmbito do Poder Executivo federal, as principais normas que definem competências, relativamente às ações de comunicação, são: Lei nº 13.502/2017, que estabelece a organização básica dos órgãos da Presidência da República e dos Ministérios;[88] o Decreto

---

[86] Já se pontuou nesta obra que, conquanto ambos tenham finalidade publicitária, uma das diferenças marcantes entre a prestação de serviços de publicidade e o patrocínio é a íntima associação entre a imagem do patrocinador e a do patrocinado. Nas palavras de Giuseppina Mari e Roberto Chieppa, "*Il fine di pubblicità costituisce sì la causa del negozio atipico della sponsorizzazione, ma deve essere tenuta distinta la causa della sponsorizzazione da quella del contratto pubblicitario. La giurisprudenza ha, infatti, chiarito che la caratteristica peculiare dela sponsorizzazione rispetto all'ordinario contratto di pubblicità è costituita dallo stretto legame istituito tra la divulgazione dell'immagine e/o dei segni distintivi dello sponsor e la manifestazione o lo spettacolo (o il ciclo o la serie di essi), nel caso in cui detto soggetto utilizzi proprio quel determinato evento (confidando nella capacità di presa e nella forza di suggestione delle opere in esso eseguite) per promuovere la propria figura nei confronti degli utenti e destinatari dello spettacolo stesso*". *Cf.* MAZZILLI, Antonio; MARI, Giuseppina; CHIEPPA, Roberto. I contratti esclusi dall'applicazione del codice dei contratti pubblici. In: SANDULLI, Maria Alessandra; DE NICTOLIS, Rosanna; GAROFOLI, Roberto (Coord.). *Trattato sui contratti pubblici: volume I:* I principi generali. I contratti pubblici. I soggetti. Milão: Giuffrè, 2008. pp. 464-467.

[87] Disponível em: <http://www.cenp.com.br/PDF/NomasPadrao/Normas_Padrao_Portugues. pdf>. Acesso em: 19 maio 2015.

[88] Esta Lei adveio da conversão da Medida Provisória nº 782/2017. No curso da elaboração do presente trabalho, houve quatro normas definidoras da estrutura da Presidência da República: (i) a Lei nº 10.683/2003 e alterações posteriores, que, entre outras providências, dispunha sobre a organização da Presidência da República e dos Ministérios; (ii) a Medida Provisória nº 768, de 2 de fevereiro de 2017, que alterou a Lei nº 10.683/2003, inclusive promovendo modificações relativamente à Secretaria Especial de Comunicação Social; (iii) a Medida Provisória nº 782, de 31 de maio de 2017, que revogou tanto a Lei nº 10.683/2003 quanto a Medida Provisória nº 768/2017; e (iv) a Lei nº 13.502, de 1º de novembro de 2017, resultante da conversão da Medida Provisória nº 782/2017. Na data de conclusão desta obra, a Medida Provisória nº 782/2017 ainda não havia sido aprovada e convertida em lei, pelo que, ainda que transitórias, tomaram-se por base suas disposições para a elaboração do presente trabalho. Destaque-se que, por revogar a Medida Provisória nº 768/2017, supostamente reeditando seus termos no curso na mesma sessão legislativa, a Medida Provisória nº 782/2017 é alvo da Ação Direta de Inconstitucionalidade (ADI) nº 5.709/DF, com fulcro no mandamento contido no §10 do art. 62 da Constituição da República (ainda pendente de julgamento na data de fechamento desta obra).

nº 9.038/2017 e alterações posteriores, que, entre outras disposições, aprova as estruturas regimentais da Secretaria de Governo e da Secretaria-Geral da Presidência da República; e o Decreto nº 6.555/2008, que dispõe sobre "as ações de comunicação do Poder Executivo Federal e dá outras providências".

O Decreto nº 6.555/2008, em seu artigo 6º, inciso IV, bem como o Decreto nº 9.038/2017, em seu art. 23, inciso IV, estabelece que compete à Secretaria Especial de Comunicação Social da Secretaria-Geral da Presidência da República – SECOM normatizar a publicidade e os patrocínios dos órgãos e das entidades da administração pública federal, direta e indireta, e das sociedades sob o controle da União, editando políticas, diretrizes, orientações e normas complementares ao Decreto nº 6.555/2008.

Valendo-se desses dispositivos, a SECOM, visando a normatizar as ações de comunicação no âmbito do Poder Executivo federal, edita diversas Instruções Normativas (IN), de que são exemplos: a IN nº 1/2017, que dispõe sobre a conceituação das ações de comunicação; a IN nº 7/2014, que disciplina a publicidade dos órgãos e entidades do Executivo federal; e a IN nº 9/2014, que disciplina o patrocínio.

A IN nº 1/2017 cuidou de conceituar as quatro espécies de publicidade governamental elencadas no art. 3º, inciso V, alíneas "a" a "d", do Decreto nº 6.555/2008:

- **Publicidade Institucional**: destina-se a divulgar atos, ações, programas, obras, serviços, campanhas, metas e resultados dos órgãos e entidades do Poder Executivo Federal, com o objetivo de atender ao princípio da publicidade, de valorizar e fortalecer as instituições públicas, de estimular a participação da sociedade no debate, no controle e na formulação de políticas públicas e de promover o Brasil no exterior;
- **Publicidade de Utilidade Pública**: destina-se a divulgar temas de interesse social e apresenta comando de ação objetivo, claro e de fácil entendimento, com o objetivo de informar, educar, orientar, mobilizar, prevenir ou alertar a população para a adoção de comportamentos que gerem benefícios individuais e/ou coletivos;
- **Publicidade Mercadológica**: destina-se a alavancar vendas ou promover produtos e serviços no mercado;

- **Publicidade Legal:** destina-se à divulgação de balanços, atas, editais, decisões, avisos e de outras informações dos órgãos e entidades do Poder Executivo Federal, com o objetivo de atender a prescrições legais.

Denota-se haver um amplo leque de situações em que a publicidade governamental pode constituir instrumento hábil à consecução das finalidades institucionais dos órgãos e entidades da Administração Pública federal, indo desde uma divulgação de campanha de vacinação – publicidade de utilidade pública –, por exemplo, a uma propaganda de cunho comercial para aumentar vendas ou melhorar o posicionamento de mercado de uma empresa estatal.

Não é demais lembrar que a atuação estatal deve estar sempre pautada pela consecução do interesse público.[89] O atendimento ao interesse público, por sua vez, pode assumir diversos matizes, a depender da finalidade que ensejou a criação de terminado órgão ou entidade. Assim, é plenamente consentâneo com o interesse público, por exemplo, a publicidade mercadológica promovida por empresas estatais que exploram atividade econômica ou que prestam serviços públicos em regime concorrencial.[90]

Afora a publicidade mercadológica, típica do ramo da Administração Pública impregnado por finalidade lucrativa, a publicidade estatal, por constituir um *link* entre a Administração Pública e seus administrados deve, sempre, estar imbuída de um inafastável objetivo democrático, de modo que a comunicação

---

[89] Conforme o magistério de Vitor Rhein Schirato sobre as empresas estatais, mas que pode ser, sem prejuízo algum, espraiado para todos os órgãos e entidades da Administração Pública, a atuação do corpo administrativo estatal deve sempre atuar visando à realização das finalidades para as quais tenham sido concebidos, em conformidade com a legislação que ensejou sua criação e com os preceitos constitucionais que regem a atuação do Estado. *Cf.* SCHIRATO, Vitor Rhein. *As empresas estatais no direito administrativo econômico atual.* São Paulo: Saraiva, 2016. pp. 178-179. Em sentido concordante, Odete Medauar destaca que a atividade da Administração deve ser direcionada "no sentido da realização do interesse da coletividade, e não de interesses fazendários, das autoridades, dos partidos políticos. Assim, a finalidade da atuação da Administração situa-se no atendimento do interesse público e o desvirtuamento dessa finalidade suscita o vício do desvio de poder do desvio de finalidade". *Cf.* MEDAUAR, Odete. *Direito administrativo moderno.* 20. ed. São Paulo: Revista dos Tribunais, 2016. pp. 161-162.

[90] Sobre a moderna configuração e a cada vez menos diferenciada separação entre a prestação de serviços públicos e a exploração de atividades econômicas pelas empresas estatais, *cf.* SCHIRATO, Vitor Rhein. *As empresas estatais no direito administrativo econômico atual.* São Paulo: Saraiva, 2016. pp. 54-96.

pública[91] "só se justifica dentro do estado democrático de direito se ela realizar o dever do Estado de informar".[92] Esse vetor informativo-democrático está homenageado tanto no Decreto nº 6.555/2008 quanto na IN nº 7/2014.

O Decreto, em seu art. 1º, ressalta como objetivo principal das ações de comunicação do Poder Executivo federal: (i) dar amplo conhecimento à sociedade das políticas e programas do Poder Executivo Federal; (ii) divulgar os direitos do cidadão e serviços colocados à sua disposição; (iii) estimular a participação da sociedade no debate e na formulação de políticas públicas; (iv) disseminar informações sobre assuntos de interesse público dos diferentes segmentos sociais; e (v) promover o Brasil no exterior.

Já a IN nº 7/2014, no espírito dos vetores delineados no art. 2º do Decreto nº 6.555/2008, traça, em seu art. 6º, as seguintes diretrizes para o desenvolvimento das ações e na criação dos conteúdos das peças publicitárias: (i) observar o princípio da impessoalidade, de modo que a publicidade tenha caráter educativo, informativo ou de orientação social, proibida a menção a nomes, símbolos ou imagens que caracterizem promoção pessoal de autoridades ou servidores públicos; (ii) buscar, na elaboração das mensagens, uma linguagem clara e de fácil entendimento para o cidadão; (iii) contribuir para a compreensão do posicionamento e das políticas públicas do Poder Executivo federal; (iv) contribuir para a compreensão dos investimentos realizados e das responsabilidades dos governos federal, estaduais e municipais na obra ou ação divulgada, promovendo transparência da gestão pública e estimulando o controle social; (v) priorizar a divulgação de ações e resultados

---

[91] Não é objeto desta obra discorrer sobre as diversas acepções que o termo *comunicação pública* pode assumir. Adota-se, aqui, o conceito lapidado por Elizabeth Pazito Brandão, que, após perscrutar diversos estudos sobre o tema, assim sintetizou: "O panorama aqui traçado demonstra que, dentre os múltiplos significados da expressão *comunicação pública*, é possível encontrar um ponto comum de entendimento que é aquele que diz respeito a um processo comunicativo que se instaura entre o Estado, o governo e a sociedade com o objetivo de informar para a construção da cidadania". BRANDÃO, Elizabeth Pazito. Conceito de comunicação pública. In: DUARTE, Jorge. (Org.). *Comunicação pública*: Estado, mercado, sociedade e interesse público. 3. ed. São Paulo: Atlas, 2012. p. 9.

[92] BUCCI, Eugênio. *O Estado de Narciso*: a comunicação pública a serviço da vaidade particular. São Paulo: Companhia das Letras, 2015. p. 66.

concretos, em detrimento de promessas ou realizações ainda não implementadas; (vi) ressaltar, sempre que possível, nas ações de publicidade institucional, os benefícios diretos e indiretos das ações do Poder Executivo federal para a sociedade; (vii) privilegiar o uso de pessoas, cenas e casos reais na publicidade institucional de prestação de contas; (viii) promover a autoestima dos brasileiros; (ix) evitar o uso de siglas e termos estrangeiros; (x) evitar o uso de siglas, citação de estruturas administrativas internas e excessos na citação do nome de órgãos ou de entidades, em detrimento da mensagem principal; (xi) utilizar recurso que facilite a compreensão das mensagens por pessoas com deficiência visual e auditiva; e (xii) evitar a utilização de informe publicitário ou publieditorial e a produção de conteúdo por veículos de comunicação e divulgação.

Nota-se que as diretrizes supratranscritas têm vieses informativo, inclusivo, de acessibilidade, entre outros, não apenas viabilizando ou facilitando o controle social pelos destinatários da informação, mas também conscientizando pessoas sobre direitos que lhes assistem e as formas de concretizá-los. Mecanismos de publicidade e de transparência pautados por essas diretrizes estreitam a relação administração-administrados, favorecem a estabilidade da democracia[93] e conferem maior legitimidade à atuação administrativa – assunto que será explorado em tópico ulterior desta obra.

Nesse sentido, é plenamente legítimo à Administração Pública valer-se de instrumentos de publicidade e de comunicação, desde que constituam um meio satisfatório para melhor perseguir a consecução de suas finalidades, sendo a mais relevante delas a realização do interesse público. Nesse mister, é imperioso que a Administração e seus agentes não se descolem dos princípios que informam a atividade administrativa e que são tão caros ao Estado Democrático, mormente os seguintes: legalidade, legitimidade,

---

[93] ALVES, Diego Prandino. Acesso à informação pública no Brasil: um estudo sobre a convergência e a harmonia existentes entre os principais instrumentos de transparência e de controle social. In: BRASIL. Controladoria Geral da União (Org.). *Prevenção e combate à corrupção no Brasil: 6º concurso de monografias da CGU: trabalhos premiados*. Brasília: ESAF, 2011, v.1, pp. 234-239.

moralidade, impessoalidade, razoabilidade, proporcionalidade, finalidade, motivação e indisponibilidade do interesse público.[94]

3.2 A atividade patrocinadora da Administração Pública

Como já visto, os negócios jurídicos firmados pela Administração Pública que envolvem algum tipo de patrocínio – seja passivo, seja ativo – não receberam a devida atenção da doutrina pátria, a despeito de sua evidente relevância como instrumento não só da atividade comunicacional da Administração Pública, mas como instrumento da própria atividade administrativa estatal.

A utilização do contrato de patrocínio pela Administração surge em um contexto em que o Estado, no bojo de sua constante evolução, deve continuamente desenvolver meios e instrumentos que viabilizem e aprimorem o diálogo e o inter-relacionamento entre suas instituições e os administrados. "Nesse cenário, aponta-se para o surgimento de uma Administração pública dialógica, a qual contrastaria com a Administração pública monológica, refratária à instituição e ao desenvolvimento de processos comunicacionais com a sociedade".[95]

É curioso que a atividade patrocinadora da Administração não tenha despertado o interesse da doutrina. A Lei nº 6.650/1979, que criou a então Secretaria de Comunicação Social da Presidência da República, não faz menção à atividade patrocinadora da Administração Pública, o que só vai ocorrer ao final de 1999, quando da edição do Decreto nº 3.296/1999, que dispunha sobre a comunicação social do Poder Executivo federal. O art. 2º, inciso III, alínea "d", desse Decreto explicita que as "ações de comunicação

---

[94] Para um extenso rol dos princípios que pautam a atividade administrativa, *cf.* MOREIRA NETO, Diogo de Figueiredo. *Curso de direito administrativo:* parte introdutória, parte geral e parte especial. 15. ed. Rio de Janeiro: Forense, 2009. pp. 77-123.

[95] OLIVEIRA, Gustavo Justino; SCHWANKA, Cristiane. A administração consensual como a nova face da administração pública no séc. XXI: fundamentos dogmáticos, formas de expressão e instrumentos de ação. *Revista da Faculdade de Direito da Universidade de São Paulo*, São Paulo, v. 104, jan./dez. 2009, p. 310.

social compreendem as áreas de: [...] III – publicidade, que abrange a: [...] promoção institucional e mercadológica, incluídos os patrocínios".[96] Subsequentemente, em fevereiro de 2000, a referida Secretaria editou a Portaria nº 4/2000, que dispunha sobre a composição e o funcionamento dos comitês destinados ao exame e à aprovação dos projetos de patrocínio cultural e esportivo de interesse do Poder Executivo federal.

Vê-se que, há quase duas décadas, a concessão de patrocínios pela Administração federal já conta com previsão expressa em normativos federais. Contudo, uma rápida pesquisa no Diário Oficial da União, por meio da página eletrônica da Imprensa Nacional, permite-nos encontrar contratos de patrocínio firmados por empresas estatais já em 1990 – que é o mais remoto ano disponível para consulta.[97]

Trata-se de um contrato, portanto, que já acompanha a atividade administrativa há tempo suficiente para contar com uma investigação técnica e acadêmica mínima, sob o prisma do Direito Administrativo. Não é o que se verifica, porém.

Essa falta de desenvolvimento teórico, aliada à já apontada escassez de disciplina legal mínima, constitui terreno fértil para o cometimento de ilegalidades e para a satisfação de interesses não republicanos, sobretudo por se tratar de uma prática tradicional e frequente no seio da Administração direta e indireta. Entre essas disfunções, podem-se citar: ausência de critérios minimamente objetivos e previamente estabelecidos para a seleção do patrocinado; carência na definição de diretrizes mínimas que permitam identificar áreas de atuação estratégicas para o patrocinador; concessão de patrocínios cujo interesse público é questionável, ou mesmo

---

[96] Inicialmente, conforme redação do art. 2º do Decreto nº 3.296/1999, os patrocínios incluíam-se no conceito de "promoção institucional e publicidade mercadológica", que, por sua vez, figuravam como uma subclassificação da publicidade – uma das áreas de comunicação social da Administração federal. Hoje, pela vigente redação do Decreto nº 6.555/2008, o patrocínio constitui uma das áreas da comunicação social do Executivo federal, ostentando o mesmo *status* da publicidade, que tem como uma de suas subclassificações a publicidade mercadológica. Pela concepção atual, portanto, patrocínio não se confunde com publicidade mercadológica, tampouco com nenhuma outra subclassificação da publicidade governamental, sendo-lhe atribuído o mesmo *status* desta.

[97] Basta uma rápida e simples pesquisa textual pelo termo "patrocínio". Disponível em: <http://www.in.gov.br>. Acesso em: 7 jun. 2017.

ausente; falta de vinculação ao objeto patrocinado, na aplicação dos recursos públicos transferidos; ausência de comprovação da regular aplicação dos recursos transferidos; patrocínio integral de eventos pela Administração, sem que haja uma repartição mínima dos riscos entre patrocinador e patrocinado; patrocínio em valor superior ao próprio custo do objeto patrocinado; aplicação de recursos em despesas superfaturadas, dentre outros.

Estado de coisas semelhante ensejou a propositura, na Câmara dos Deputados, do Projeto de Lei nº 3.305/2008, originador da Lei nº 12.232/2010, que estabelece normas gerais sobre licitações e contratações pela administração pública de serviços de publicidade. Na Justificativa da proposição, o autor assim se expressou:

> Por essa razão, embora reconhecendo que esta triste realidade não deve ser enfrentada apenas no plano do mero aperfeiçoamento legislativo, é necessário que repensemos as normas legais que hoje disciplinam as licitações e os contratos de publicidade celebrados pela Administração Pública. Tem a nossa experiência recente nos mostrado que a ausência de um tratamento normativo específico para essa matéria possibilita que, nesse campo, grandes arbitrariedades ocorram em todo o país. Empresas de publicidade contratadas com óbvio favorecimento, com base em critérios de julgamento subjetivos, contratos que encobrem a possibilidade de novos ajustes imorais com terceiros, pagamentos indevidos, desvios de verbas públicas destinadas à publicidade com fins patrimoniais privados ou para custeio de campanhas eleitorais são apenas alguns exemplos de transgressões que compõem um cenário já bem conhecido nos dias em que vivemos.

Diante desse quadro, emerge, de forma intuitiva, a seguinte dúvida: seria desejável uma disciplina normativa geral sobre a atividade patrocinadora do Estado?

No âmbito das Casas do Congresso Nacional, excluídas as proposições voltadas aos patrocínios incentivados,[98] são tímidas – tanto em número quanto em conteúdo – as iniciativas legislativas,

---

[98] Caracterizam-se como ações incentivadas de patrocínio aquelas que geram para o patrocinador algum benefício de natureza fiscal. Disponível em: <http://www.cultura.gov.br/projetos-incentivados1>. Acesso em: 19 jun. 2017. Os patrocínios incentivados estão previstos, fundamentalmente, na Lei de Incentivo à Cultura (Lei nº 8.313/1991, também conhecida como Lei Rouanet) e a Lei de Incentivo ao Esporte (Lei nº 11.438/2006).

em tramitação, que visam ao estabelecimento de normas gerais aplicáveis à atividade patrocinadora dos entes e órgãos estatais.

Os Projetos de Lei Complementar nºs 288/2016, 275/2016 e 280/2013,[99] todos tramitando na Câmara dos Deputados, pretendem, por meio da inserção de dispositivos na Lei de Responsabilidade Fiscal – LRF, submeter o regramento geral de destinação de recursos públicos a ações de patrocínio a normas anualmente estabelecidas na lei de diretrizes orçamentárias. Há, ainda, disposições quanto à publicidade e ao limite para a participação de recursos públicos no custo total da atividade patrocinada.

Também na Câmara dos Deputados, tramita o Projeto de Lei nº 4.579/2016,[100] voltado para a divulgação ampla dos recursos federais despendidos a título de publicidade e patrocínio.

Embora entendamos louvável – e urgente – a edição de uma lei geral que dê racionalidade, transparência e segurança jurídica aos patrocínios concedidos com recursos públicos federais, distritais, estaduais e municipais, as proposições ainda estão aquém das necessidades institucionais da Administração Pública, além de ignorarem sua complexidade estrutural e funcional.

Primeiramente, não parece ser a LRF o veículo mais adequado para o assunto em tela. A dita norma foi editada com fundamento nos arts. 163 e 169 da Constituição, os quais nenhuma menção fazem a normas sobre contratação, atividade publicitária ou patrocínio no âmbito da Administração. A iniciativa legislativa, no caso dos patrocínios, será mais bem exercida se fundamentada no art. 22, inciso XXVII,[101] da Constituição da República, mediante projeto de lei que, após a aprovação e sanção, será aplicável a toda a Administração Pública brasileira.

---

[99] Os dois primeiros tramitam apensados ao Projeto de Lei Complementar nº 280/2013.

[100] O Projeto de Lei nº 4.579/2016 encontra-se apensado ao Projeto de Lei nº 4.170/2012, e este, ao Projeto de Lei nº 3.894/2000. Ao Projeto nº 3.894/2000 apensaram-se trinta e seis projetos, com outros quatorze apensamentos secundários. Todos esses projetos tratam, diretamente ou indiretamente, da transparência dos gastos com publicidade governamental, não estando necessariamente voltados ou adstritos aos gastos com patrocínio.

[101] Art. 22. Compete privativamente à União legislar sobre: [...] XXVII – normas gerais de licitação e contratação, em todas as modalidades, para as administrações públicas diretas, autárquicas e fundacionais da União, Estados, Distrito Federal e Municípios, obedecido o disposto no art. 37, XXI, e para as empresas públicas e sociedades de economia mista, nos termos do art. 173, §1º, III.

Além disso, a complexidade decorrente do planejamento, da formalização, da execução e do controle dos contratos de patrocínio estatal ativo demanda a elaboração, o debate e a edição de normas que vão além do mero regramento, em artigos esparsos, sobre a divulgação dos custos dos patrocínios e da identidade dos patrocinadores e patrocinados. Evidentemente, a transparência é fundamental; contudo, a questão a ser atacada e resolvida vai muito além disso. Todas essas questões serão abordadas nos capítulos que se seguem.

Já há, no ordenamento jurídico pátrio, disposições normativas *infralegais* que definem e regulamentam o patrocínio estatal em âmbito federal. A análise de seus termos permitirá aprofundar o entendimento e construir conclusões mais sólidas, sobretudo quanto à robustez e à constitucionalidade de seus dispositivos. Analisemos, portanto, essas disposições.

3.3 O quadro normativo vigente no Brasil

Na Seção 3.1.3, viu-se, de maneira geral, o quadro normativo que regula a publicidade no âmbito da Administração Pública. Nas próximas linhas, de forma mais específica e minudente, aborda-se a normatização hoje vigente para as ações de patrocínio promovidas pela Administração Pública federal, que, em muito, orienta os atos normativos editados pelos entes subnacionais sobre matéria equivalente.[102]

Historicamente, algumas poucas normas jurídicas federais buscaram definir a ação de patrocínio. Vejamo-las a seguir.

No âmbito dos patrocínios incentivados, o Decreto n° 93.335/1986,[103] por exemplo, considerava este tipo de patrocínio

---

[102] Um exemplo é a Instrução Normativa n° 01, de 20 de junho de 2017, da Secretaria de Estado de Comunicação do Distrito Federal, publicada em 21 de junho de 2017, na Edição n° 117, Seção 1, páginas 5-6, do Diário Oficial do Distrito Federal. São quase idênticas as redações da IN federal e da IN distrital, sendo nítida a influência daquela sobre o diploma subnacional.

[103] O Decreto n° 93.335/1986 aprovava o Regulamento da Lei n° 7.505, de 2 de julho de 1986, que dispunha sobre benefícios fiscais na área do imposto de renda, concedidos a operações de caráter cultural. Posteriormente, as disposições da Lei n° 7.505/1986 foram revogadas pela Lei n° 8.313/1991, a Lei Rouanet, que é regulamentada pelo Decreto n° 5.761/2006.

"a realização, pelo contribuinte a favor de pessoas jurídicas de natureza cultural, de despesas com a promoção ou publicidade em atividades culturais, sem proveito pecuniário ou patrimonial direto para o patrocinador". Definição de igual natureza constava do Decreto nº 98.595/1989.[104] O Decreto nº 5.791/2006, que regulamenta a Lei nº 8.313/1991, a Lei Rouanet, caracteriza o patrocínio como a transferência definitiva e irreversível de numerário ou serviços, com finalidade promocional, bem como a cobertura de gastos ou a utilização de bens móveis ou imóveis do patrocinador, sem a transferência de domínio, para a realização de programa, projeto ou ação. Disposição equivalente consta do Decreto nº 6.180/2007, que regulamenta a Lei nº 11.438/2006, a Lei de Incentivo ao Esporte.

Esses diplomas, contudo, regulamentam, tão somente, patrocínios concedidos em situações singulares, nelas especificadas. O regramento mais geral das ações de patrocínio do Poder Executivo federal é dado pela IN nº 9/2014, da SECOM, editada em substituição à IN nº 1/2009. O fundamento legal para a edição, pela SECOM, da IN nº 9/2014, era o então vigente art. 2º-B, inciso V, da Lei nº 10.683/2003.[105] Hoje, nos termos do art. 7º, inciso V, da Lei nº 13.502/2017, essa mesma competência é atribuída à Secretaria-Geral da Presidência da República, estrutura que a SECOM integra.

Como já pontuado, a IN nº 9/2014, em seu art. 2º, inciso I, adotando uma redação sensivelmente diferente daquelas constantes dos Decretos nºs 5.791/2006 e 6.180/2007 já mencionados, define patrocínio como a "ação de comunicação que se realiza por meio da aquisição do direito de associação da marca e/ou de produtos e serviços do patrocinador a projeto de iniciativa de terceiro, mediante a celebração de contrato de patrocínio". Definição similar consta do inciso III do art. 4º da IN nº 1/2017.

---

[104] O Decreto nº 98.595/1989 regulamentava a Lei nº 7.752, de 14 de abril de 1989, que dispunha sobre benefícios fiscais, na área do imposto de renda, concedidos ao desporto não profissional, e dá outras providências. Atualmente, a matéria é disciplinada pela Lei nº 11.438/2006, a Lei de Incentivo ao Esporte, regulamentada pelo Decreto nº 6.180/2007.

[105] Era sua redação, à época da edição da IN nº 9/2014: "Art. 2º-B. À Secretaria de Comunicação Social da Presidência da República compete assistir direta e imediatamente ao Presidente da República no desempenho de suas atribuições, especialmente: [...] V – na coordenação, normatização, supervisão e controle da publicidade e de patrocínios dos órgãos e das entidades da administração pública federal, direta e indireta, e de sociedades sob controle da União".

Nos termos do art. 3º da IN nº 9/2014, são excluídos do conceito de patrocínio: (i) a cessão gratuita de recursos humanos, materiais, bens, produtos e serviços; (ii) qualquer tipo de doação; (iii) projetos de veiculação em mídia ou em plataformas que funcionem como veículo de divulgação, com entrega em espaços publicitários; (iv) a permuta de materiais, produtos ou serviços pela divulgação de conceito de posicionamento e/ou exposição de marca; (v) o aporte financeiro a projeto cuja contrapartida seja o recebimento de tempo e/ou espaço de mídia em veículo de divulgação para uso exclusivo do patrocinador, sem associação com o projeto patrocinado; (vi) o aporte financeiro a projeto de transmissão de evento executado por veículos de divulgação; (vii) a ação compensatória decorrente de obrigação legal do patrocinador; e (viii) a simples ocupação de espaço e/ou montagem de estande sem direito à divulgação de produtos, serviços, marcas, conceitos e programas do patrocinador ou de políticas públicas associadas ao evento.

A redação do art. 2º da referida IN, ao definir o patrocínio como um contrato em que há a "associação da marca e/ou de produtos e serviços do patrocinador a projeto de iniciativa de terceiro", converge com a ideia já exposta no presente trabalho de que o patrocínio envolve, fundamentalmente, uma vinculação entre as imagens do patrocinador e do patrocinado, distanciando-se de uma mera prestação de serviços. Contudo, reforça-se a crítica, já tecida nesta obra, quanto à definição do patrocínio em termos de "aquisição de direito".

Destaca-se que a dicção do art. 2º, inciso I, da IN nº 9/2014, não excluiria, *a priori*, a possibilidade de que o patrocínio fosse concedido não apenas em espécie, mas também em bens e serviços. Isso porque a *aquisição* do suposto "direito de associação" ocorre quando há a conjunção desse direito com o seu titular,[106] o que poderia decorrer da "compra do direito" ou da sua permuta por um serviço, por exemplo. Contudo, curiosamente, o inciso IV do art. 3º da IN, diferentemente do permissivo veiculado nos já citados Decretos nºs 5.791/2006 e 6.180/2007, é categórico ao não considerar patrocínio

---

[106] GAGLIANO, Pablo Stolze; PAMPLONA FILHO, Rodolfo. *Novo curso de direito civil*: parte geral. 15. ed. São Paulo: Saraiva, 2013. p. 342.

"a permuta de materiais, produtos ou serviços pela divulgação de conceito de posicionamento e/ou exposição de marca". Assim, para fins da IN nº 9/2014, o patrocínio somente poderá ser concedido mediante aporte financeiro.

Enquanto o art. 2º, inciso I, da IN consigna uma definição bastante ampla do que pode ser classificado como patrocínio, o art. 3º do normativo delimita a aplicabilidade do instituto, especificando formas de atuação administrativa que ficam excluídas desse conceito. Os demais incisos do art. 3º da IN, assim, em harmonia com o já esposado neste trabalho, excluem da caracterização do patrocínio a mera doação ou cessão gratuita de bens ou serviços, bem como os contratos de prestação de serviços de publicidade e de aquisição de espaço publicitário.

O art. 2º, inciso II, da norma da SECOM estabelece que ações de patrocínio promovidas por órgãos e entidades do Poder Executivo federal terão como objetivo

> [...] gerar identificação e reconhecimento do patrocinador por meio da iniciativa patrocinada; ampliar relacionamento com públicos de interesse; divulgar marcas, produtos, serviços, posicionamentos, programas e políticas de atuação; ampliar vendas e agregar valor à marca do patrocinador.

Para o atingimento desses objetivos, a IN nº 9/2014, inovando em relação à IN nº 1/2009, exemplifica as contrapartidas a que estará obrigado o patrocinado: exposição da marca do patrocinador ou de seus produtos e serviços nas peças de divulgação do projeto; iniciativas de natureza negocial oriundas dessa associação; autorização para o patrocinador utilizar nomes, marcas, símbolos, conceitos e imagens do projeto patrocinado; e adoção pelo patrocinado de práticas voltadas ao desenvolvimento social e ambiental. Dentre as contrapartidas, são obrigatórias a inclusão ou a menção da marca do governo federal em ações de divulgação do projeto patrocinado e a inclusão, na divulgação do patrocínio incentivado, da assinatura do respectivo ministério e de selos alusivos ao incentivo fiscal, conforme definido em legislação específica.

O art. 4º da IN nº 9/2014 determina que o patrocinador deve pautar sua atuação por diversos princípios. Além daqueles que regem, de forma geral, a própria atuação da Administração

Pública – legalidade, impessoalidade, moralidade, igualdade, publicidade, probidade administrativa –, devem ser observadas as seguintes diretrizes, conforme as características de cada patrocínio: (i) afirmação dos valores e princípios da Constituição; (ii) atenção ao caráter educativo, informativo e de orientação social; (iii) preservação da identidade nacional; (iv) valorização da diversidade étnica e cultural e respeito à igualdade e às questões raciais, geracionais, de gênero e de orientação sexual; (v) reforço das atitudes que promovam o desenvolvimento humano e o respeito ao meio ambiente; (vi) valorização dos elementos simbólicos da cultura nacional e regional; (vii) vedação do uso de nomes, símbolos ou imagens que caracterizem promoção pessoal de autoridades ou servidores públicos; (viii) adequação das mensagens, linguagens e canais aos diferentes segmentos de público; (ix) uniformização do uso de marcas, conceitos e identidade visual utilizados na comunicação de governo; (x) valorização de estratégias de comunicação regionalizada; (xi) observância da eficiência e racionalidade na aplicação dos recursos públicos; e (xii) difusão de boas práticas na área de comunicação.

O art. 5º da IN, em linha com o artigo anterior, estabelece, ainda, diretrizes adicionais: (i) a transparência em relação a diretrizes e normas de acesso ao patrocínio; (ii) a democratização de acesso, com adoção preferencial de mecanismos de seleção pública; (iii) a desconcentração espacial da execução dos patrocínios; (iv) o estímulo a iniciativas direcionadas à promoção da igualdade e ao combate à discriminação; (v) o fomento ao emprego de práticas sustentáveis em eventos; e (vi) a promoção da acessibilidade de idosos e de pessoas com mobilidade reduzida.

Pelas diretrizes citadas, nota-se o viés inclusivo, democrático, impessoal e de promoção de bem-estar social inerente aos patrocínios pelo Executivo federal, que, entre outros, devem ter caráter educativo, informativo e de orientação social, com a regionalização da aplicação dos recursos. Essas orientações, se atendidas, conferem maior eficiência e eficácia à ação, promovendo maior efetividade e racionalidade na aplicação dos recursos transferidos.

Também de importância ímpar, destaca-se a diretriz quanto à adequação das mensagens, linguagens e canais de comunicação ao público destinatário. A democracia, no célebre ensinamento de

Norberto Bobbio, é "o governo do poder público em público"[107] e, nesse contexto, em linha com conclusão que expus em trabalho anterior, é preciso assumir que

> [...] a informação que é relevante para um pode não o ser para outro. Por isso, uma mesma informação deve ser abordada sob diversas perspectivas, o que não significa, sobremaneira, que as informações devam ser diferentes; devem, sim, ser detalhadas e explicadas da forma que seja mais acessível e mais relevante para o cidadão. Esse esforço, no entanto, deve buscar um equilíbrio ótimo entre relevância e objetividade, de forma que não haja nem supressão de informações importantes nem um mero "despejo" sobre o cidadão de informações e dados sem importância.[108]

O princípio da impessoalidade cumpre dupla função nesse cenário. De um lado, nunca é despiciendo ressaltar que as ações de patrocínio estatal jamais poderão promover a imagem pessoal de autoridades ou servidores, ainda que indiretamente ou de maneira subliminar. De outro, o §1º do art. 5º da IN nº 9/2014 estabelece que a análise prévia dos patrocínios deve pautar-se em critérios objetivos, portanto impessoais. Essa disposição decorre logicamente da moralidade, da impessoalidade e da democratização que deve permear todo o processo de seleção da iniciativa a ser patrocinada, bem como de sua execução.

Outro dispositivo importante – e que será criticado em momento oportuno – é a possibilidade de que o patrocínio *não* tenha pertinência temática com a área de atuação do patrocinador. Em determinados casos, essa vinculação será inerente à própria legislação que ensejou a criação do órgão ou entidade, de modo que há risco de atuação ilegal caso a Administração Pública conceda patrocínios em áreas não relacionadas à sua missão institucional. Essa questão será mais bem divisada em momento oportuno.

---

[107] BOBBIO, Norberto. *O futuro da democracia:* uma defesa das regras do jogo. 6. ed. Rio de Janeiro: Paz e Terra, 1986. p. 84.

[108] ALVES, Diego Prandino. Acesso à informação pública no Brasil: um estudo sobre a convergência e a harmonia existentes entre os principais instrumentos de transparência e de controle social. In: BRASIL. Controladoria Geral da União (Org.). *Prevenção e combate à corrupção no Brasil: 6º concurso de monografias da CGU: trabalhos premiados.* Brasília: ESAF, 2011, v.1, p. 271.

No que tange à análise das ações de patrocínio a serem implementadas pelos órgãos e pelas entidades do Poder Executivo federal, a IN nº 9/2014 atribui importantes competências a dois órgãos da SECOM: o Departamento de Patrocínios – DEPAT e o Comitê de Patrocínios do Governo Federal, este último instituído pelo Decreto nº 6.555/2008, dotado de caráter consultivo e composto pelo titular do DEPAT, na qualidade de coordenador, e por representes dos patrocinadores. Em determinados casos estipulados na IN, o DEPAT ou os patrocinadores poderão indicar convidados para integrar o Comitê.

Não há, contudo, transparência na definição dos órgãos e entidades patrocinadores representados no Comitê, tampouco quanto aos representantes de cada patrocinador. Não há, igualmente, uma divulgação de calendário de reuniões, pautas, ou atas que deem transparência ao processo decisório no âmbito da SECOM. Essas informações, além de não serem veiculadas em publicações oficiais, não se encontram no sítio eletrônico da SECOM.[109]

O DEPAT, nos termos do art. 8º da IN nº 9/2014, é responsável, entre outros, por coordenar o Comitê de Patrocínios e por analisar as propostas de patrocínios apresentadas por órgãos e entidades do Poder Executivo federal cujo valor seja igual ou superior a R$20.000,00. Se a proposta for superior a R$200.000,00, previamente deverá ser ouvido o Comitê de Patrocínios. Em qualquer caso, a execução do patrocínio requer a prévia comunicação de conformidade pelo DEPAT ao patrocinador, bem como a aprovação pela autoridade competente do patrocinador (§8º do art. 8º da IN nº 9/2014).

Ao menos dez dias úteis antes da publicação do instrumento de seleção pública de propostas de patrocínio, o patrocinador deve submeter o respectivo processo ao DEPAT, para que este, se for o caso, auxilie o patrocinador na elaboração de políticas e diretrizes do patrocínio e proponha parâmetros e métodos de exame sintonizados com as políticas públicas (art. 23 da IN).

Entre os aspectos considerados pelo DEPAT na análise isonômica das propostas apresentadas pelos patrocinadores, destacam-se a

---

[109] Segundo consulta realizada no sítio eletrônico da SECOM em 19 fev. 2018.

aderência às diretrizes estabelecidas na IN, a pertinência e a proporcionalidade das contrapartidas e as informações prestadas para justificar a conveniência e a oportunidade de se patrocinar, notadamente: os objetivos de comunicação; a natureza e a diversidade das ações previstas; o público-alvo; as diretrizes e estratégias do patrocinador; o volume de recursos despendidos (art. 11, c/c art. 34 da IN).

Após a manifestação pela conformidade por parte do DEPAT, o patrocinador poderá dar seguimento à sua iniciativa patrocinadora, adotando, preferencialmente, processos de seleção pública de propostas, observados os princípios da publicidade, da eficiência e da razoabilidade, bem como a clareza e a objetividade dos regulamentos. Além disso, o instrumento de seleção (em regra, o edital) deverá ser publicado em meios eletrônicos ou publicações oficiais, sendo assegurada a divulgação ampla das etapas do procedimento, prazos de inscrição, montante de recursos, segmentos e faixas de distribuição (arts. 20 a 24 da IN).

Selecionada a proposta a ser contemplada, o contrato de patrocínio constitui, nos termos do art. 25 da IN nº 9/2014, instrumento hábil para formalizar a relação jurídica entre o patrocinador e o patrocinado. A disposição é acertada, pois afasta qualquer interpretação no sentido de se viabilizar a adoção de um "convênio de patrocínio" ou instrumento similar.

Para a assinatura do contrato e para o pagamento das parcelas, como não poderia ser diferente – por força do art. 37, inciso XXI, da Constituição da República, combinado com a Lei de Licitações de Contratos –, exige-se que o patrocinado comprove sua habilitação jurídica e regularidade fiscal. Constituem exigências adicionais a comprovação de que o patrocinado está adimplente com exigências contratuais de eventuais patrocínios federais anteriores e a vedação de que o patrocinado mantenha com o patrocinador eventual contrato de prestação de serviços de publicidade (§§1º a 5º do art. 25 da IN).

Disposição extremamente preocupante, contudo, é a fixada no art. 25, §1º, da IN nº 9/2014, cujo teor, dada sua relevância, se transcreve a seguir, acompanhado do *caput* do artigo. Destaque-se tratar de inovação, dado que não havia dispositivo semelhante na IN nº 1/2009.

Art. 25. O contrato celebrado entre patrocinador e patrocinado, conforme definido no art. 2º, inciso VII, desta Instrução Normativa, constitui-se no instrumento necessário e suficiente para formalizar o patrocínio. §1º A fixação do valor do patrocínio deverá ser pautada pela expectativa de atingimento dos objetivos previstos no inciso II do art. 2º desta Instrução Normativa, sem vinculação aos custos da iniciativa patrocinada.

Vê-se que, pela norma hoje vigente, o patrocínio concedido com recursos públicos à iniciativa privada não tem seu valor limitado, ou sequer pautado, pelo custo da ação patrocinada. O patrocinador, portanto, ao patrocinar, deverá pautar-se pelos seguintes retornos esperados: expectativa da geração de identificação e reconhecimento do patrocinador por meio da iniciativa patrocinada; ampliação do relacionamento com públicos de interesse; divulgação de marcas, produtos, serviços, posicionamentos, programas e políticas de atuação; ampliação de vendas; e agregação de valor à marca do patrocinador (art. 2º, inciso II, da IN).

Tais parâmetros são sobremaneira abstratos, muitos economicamente imensuráveis e, por isso, inservíveis como vetores para a definição do valor a ser concedido a título de patrocínio. Esse dispositivo permite, assim, que determinada iniciativa seja patrocinada com recursos públicos em valor superior aos seus próprios custos, remunerando o patrocinado em montante não equivalente às contrapartidas contratualmente estabelecidas, mas aos benefícios esperados. Por consequência, onera-se o patrocinador de forma desproporcional, minando-se o caráter sinalagmático e comutativo do contrato de patrocínio.

Esse permissivo ganha contornos mais críticos quando analisado em conjunto com os arts. 33 e 35 da IN nº 9/2014.

O art. 33 deixa a cargo do patrocinador a verificação dos resultados do patrocínio. Não há exigência de que o patrocinador proceda, efetivamente, a essa avaliação, realidade que se choca com a diretriz de eficiência e racionalidade na aplicação dos recursos públicos (art. 4º, inciso IX, da IN). Ademais, à luz das competências dispostas no art. 6º, incisos VI e VII, da IN,[110] seria

---

[110] "Art. 6º. Ao DEPAT compete: [...] VI – propor adequações e melhorias nos processos de gestão de patrocínios; VII – estimular o intercâmbio de informações e a difusão de boas práticas".

CAPÍTULO 3
O PATROCÍNIO ATIVO NO ÂMBITO DA ADMINISTRAÇÃO PÚBLICA | 81

salutar que o DEPAT estabelecesse que tal avaliação fosse realizada e, posteriormente, a ele encaminhada, o que propiciaria uma análise muito mais acurada quanto ao atendimento dos critérios de avaliação fixados no art. 11, incisos III e IV, c/c art. 34, inciso V, ambos da IN nº 9/2014.[111] Isso porque o cotejamento entre o valor concedido e os benefícios efetivamente percebidos e mensurados em iniciativas passadas pode constituir parâmetro precioso para balizar a análise de conformidade de estratégias e de valores de ações de patrocínios similares, propostas no futuro.

Relativamente ao art. 35, o dispositivo estabelece que, para prestação de contas, o patrocinador só poderá exigir do patrocinado a comprovação da realização da iniciativa patrocinada e o adimplemento das contrapartidas contratualmente estabelecidas. O dispositivo, se mal interpretado, pode obstar que órgãos e entidades federais patrocinadoras exijam a comprovação de aplicação dos recursos transferidos na iniciativa patrocinada. Para contornar tal interpretação, contudo, basta que a vinculação seja fixada contratualmente como uma contrapartida, devendo, portanto, ser comprovada no bojo da prestação de contas.

A vinculação dos recursos transferidos à iniciativa patrocinada, não obstante, tornar-se-á inócua quando o valor aportado a título de patrocínio superar os custos da iniciativa (art. 25, §1º, da IN), pois, por óbvio, após custear todo o seu projeto, o patrocinado não terá onde mais aplicar os recursos públicos excedentes, revertendo-os em benefício próprio ou de terceiros.

A criticidade aumenta quando o patrocinador, em vez de uma empresa estatal atuante em regime concorrencial, é uma estatal monopolista ou um órgão ou entidade da Administração direta ou

---

[111] "Art. 11. O DEPAT atuará com isonomia na análise e manifestação sobre as propostas de patrocínio, observado o que segue, conforme as características de cada projeto: [...] III – informações apresentadas pelo patrocinador para justificar a conveniência e/ ou oportunidade de patrocinar o projeto, em consonância com os critérios objetivos de que trata o art. 34 desta Instrução Normativa; IV– pertinência e proporcionalidade de contrapartidas entre patrocinadores da administração pública federal; [...] Art. 34. Para a avaliação de resultados alcançados com os patrocínios, os patrocinadores deverão adotar critérios objetivos em consonância com: [...] V – o volume de recursos despendidos".

indireta federal sujeito ao regime jurídico de direito público. Essas questões serão abordadas, em pormenores, no Capítulo 4.

Vê-se que a IN nº 9/2014, embora estabeleça algumas balizas objetivas para a análise das ações de patrocínio propostas por órgãos e entidades federais patrocinadores, é falha em alguns aspectos sensíveis, mormente aqueles relacionados ao controle de tais ações.

O normativo permite o patrocínio de iniciativas em valor superior ao seu custo, não exigindo sequer que haja vinculação entre recursos públicos transferidos e a iniciativa patrocinada. A avaliação dos retornos institucionais ou comerciais decorrentes do patrocínio – premissa básica à avaliação da eficiência, eficácia, efetividade e economicidade de qualquer ação ou projeto de entidades governamentais ou empresariais públicas ou privadas – é deixada à discricionariedade dos patrocinadores, não havendo nenhuma orientação no sentido de que tais avaliações sejam efetivamente realizadas e encaminhadas ao DEPAT ou a algum outro órgão coordenador. Essa realidade prejudica sobremaneira a avaliação dos resultados das ações e a análise quanto à proporcionalidade das contrapartidas estabelecidas e do montante de recursos públicos transferidos no bojo de um determinado patrocínio.

Ressalta-se que o Comitê é composto, essencialmente, pelas entidades patrocinadoras, sem transparência na sua composição. Ademais, não há a previsão para a participação permanente de um representante de órgão de controle interno ou externo ou de qualquer agente que desempenhe tal função no âmbito do Comitê.

Essa circunstância, alinhada à falta de avaliação dos resultados efetivos do patrocínio, torna o controle dessas ações essencialmente falho. Isso ocorre porque, previamente, com a análise do DEPAT, o controle cinge-se a aspectos essencialmente técnicos, não havendo análise acurada quanto aos aspectos financeiros – proporcionalidade, economicidade, eficiência, etc. – do patrocínio. Em verdade, o DEPAT, por não exigir que os patrocinadores efetuem essa avaliação de resultados, carece de dados históricos e de elementos objetivos para avaliar se determinada ação de patrocínio é financeiramente justificável ou não.

Por outro lado, *a posteriori*, o controle, quando feito, é essencialmente financeiro, em que se avaliam os repasses dos recursos e, quando muito, a sua aplicação no objeto patrocinado.

Não há exigência de avaliação técnica da efetividade do patrocínio – medida que, ao evidenciar os benefícios econômicos e institucionais decorrentes de determinada ação de patrocínio já realizada, poderia conduzir a uma recomendação de sua repetição ou não, conferindo maior racionalidade na aplicação dos recursos públicos.

Poder-se-ia argumentar que o DEPAT e o Comitê têm atribuições essencialmente técnicas, à luz do art. 9º, inciso I, da IN, competindo aos respectivos patrocinadores, no âmbito de seus controles internos, aferir a regularidade legal e orçamentário-financeira dos patrocínios concedidos, segundo os vetores fixados no art. 70, *caput*, da Constituição da República. Contudo, conclusão nesse sentido exigiria ignorar a competência do DEPAT para controlar a observância da eficiência e da racionalidade na aplicação dos recursos públicos, bem como para controlar a observância da afirmação dos valores e princípios da Constituição da República (art. 7º, inciso I, da IN nº 9/2014, c/c art. 2º, incisos I e IX, do Decreto 6.555/2008).

Esses e outros aspectos serão retomados no Capítulo 4, quando for abordado o regime jurídico característico das ações de patrocínio viabilizadas com recursos públicos.

3.4 A finalidade do patrocínio ativo estatal

Viu-se que o patrocínio não constitui um mero serviço de publicidade. Este distingue-se daquele pelo vínculo íntimo entre a imagem do contratante e do contratado, atributo que marca o patrocínio. Outro traço distintivo importante é que, nos serviços, o contratado desenvolve a atividade de maneira profissional, enquanto, no patrocínio, o patrocinado atua em ramo diverso da atividade publicitária. É certo, assim, que serviços de publicidade contratados pela Administração Pública têm inequivocamente contornos e características típicas de um contrato administrativo genérico de prestação de serviços. O mesmo, contudo, não se pode afirmar quanto ao patrocínio.

Diante disso, soa intuitivo afirmar que, na hipótese em que for cabível a concessão de patrocínio, não haverá espaço para a prestação de serviço de publicidade visando ao mesmo fim, uma vez que as finalidades inerentes a cada relação jurídica são diversas entre si, não sendo intercambiáveis as prestações e as contraprestações de um e de outro contrato.

Nesse cenário, diante de um campo de aplicação tão restrito e específico, não é despiciendo investigar como a concessão de patrocínio pela Administração Pública pode constituir instrumento hábil e adequado à consecução da finalidade administrativa.

Uma análise mais apressada e desprovida de maior reflexão poderia conduzir à afirmação de que a concessão de patrocínio pela Administração Pública a particulares só se justificaria em segmentos em que houvesse atividade econômica por parte do Estado, vale dizer, somente empresas públicas e sociedades de economia mista exploradoras de atividade econômica poderiam ser patrocinadoras. E ainda poderia ser suscitada a impossibilidade de empresas estatais atuantes em regimes não concorrenciais valerem-se do patrocínio para fins de satisfação da sua função social.

Tal conclusão, contudo, merece duas críticas imediatas.

A primeira é que tal pensamento revela uma percepção tradicionalista do Direito Administrativo e da Administração Pública, outrora informada por conceitos como: princípio da supremacia do interesse público; segregação estanque entre os regimes jurídicos de direito público e de direito privado; distinção clara, no âmbito da atividade econômica estatal, entre exploração de atividade econômica e prestação de serviço público. Embora tais ensinamentos sejam, por vezes, propagados como dogmas, sem maior análise crítica, a melhor doutrina não se exime de colocar em xeque esses e outros conceitos, que, assim como o próprio Direito Administrativo, sofrem mutações em razão da evolução da sociedade e do Estado.[112]

---

[112] Muitos seriam os exemplos de superação de paradigmas administrativos. A título de exemplo: BINENBOJM, Gustavo. *Uma teoria do direito administrativo:* direitos fundamentais, democracia e constitucionalização. 3. ed. Rio de Janeiro: Renovar, 2014. pp. 9-45; sobre o inter-relacionamento entre o direito público e o direito privado (publicização do direito privado e a privatização do direito público), *cf.* MEDAUAR, Odete. *O direito administrativo em evolução.* 3. ed. Brasília: Gazeta Jurídica, 2017. pp. 205-219; sobre a necessidade de revisão dos conceitos de exploração de atividade econômica e de prestação de serviços públicos, *cf.* SCHIRATO, Vitor Rhein. *As empresas estatais no direito administrativo econômico atual.* São Paulo: Saraiva, 2016. pp. 54-96; sobre a superação da diferenciação entre contratos administrativos e contratos da administração, *cf.* SCHIRATO, Vitor Rhein. Contratos

CAPÍTULO 3
O PATROCÍNIO ATIVO NO ÂMBITO DA ADMINISTRAÇÃO PÚBLICA | 85

A segunda crítica é que tal pensamento está impregnado de uma visão reducionista do patrocínio ativo, insciente não apenas de suas características, mas também de suas potencialidades como instrumento de comunicação, de geração de identidade e de indução de comportamento. A comunicação pública pode ser concretizada por meio de instrumentos variados, todos voltados, ao final, para o atingimento do interesse público, que deve ser o objetivo último da atividade administrativa estatal.[113]

Diante disso, tecem-se, a seguir, breves análises sobre a viabilidade de os diversos entes da Administração Pública figurarem no polo ativo da relação de patrocínio, não sendo esse um *locus* exclusivo das empresas estatais exploradoras de atividade econômica. Preferiu-se, em vez de enfocar cada uma das entidades administrativas e as hipóteses de sua ação patrocinadora, abordar a finalidade de interesse público subjacente à concessão do patrocínio, pois assim se confere maior racionalidade à abordagem e ao entendimento.

3.4.1 Instrumento de *marketing* comercial

Pelas definições coligidas na Seção 2.2, não desperta maiores controvérsias a afirmação de que o patrocínio tem ampla aplicabilidade como instrumento de publicidade vinculado a uma estratégia comercial. É assim, precipuamente, que o patrocínio é utilizado pelos agentes econômicos privados.

O patrocínio, nesse caso, tem por finalidade a obtenção de alguma vantagem mercadológica que culmine no aumento de vendas.[114] Mesmo estratégias relacionadas à consolidação da imagem da marca ou do produto ante os demais *players* do

---

administrativos e contratos da administração pública: pertinência da diferenciação?. *Revista de contratos públicos*, Belo Horizonte, ano 2, n. 2, pp. 177186, set. 2012/fev. 2013.

[113] Para uma análise acerca dos instrumentos e das formas de comunicação pública e suas diversas aplicações e características, *cf.* DUARTE, Jorge. Instrumentos de comunicação pública. In: _____. (Org.). *Comunicação pública*: Estado, mercado, sociedade e interesse público. 3. ed. São Paulo: Atlas, 2012. pp. 59-71; e ZÉMOR, Pierre. As formas de comunicação pública. In: DUARTE, Jorge. (Org.). *Comunicação pública*: Estado, mercado, sociedade e interesse público. 3. ed. São Paulo: Atlas, 2012. pp. 214-245.

[114] MCDONNELL, Ian; MOIR, Malcolm. *Event sponsorship*. Nova Iorque: Routledge, 2014. p. 7.

respectivo mercado terão como objetivo subjacente influir no processo de decisão de compra do consumidor e, por conseguinte, aumentar as vendas e incrementar o lucro. Nesse processo, o patrocínio cumpre papéis como: aumentar a consciência de clientes atuais e potenciais em relação a produtos e serviços; consolidar ou melhorar a imagem do patrocinador ou de seus produtos ou serviços; difundir amostras de produtos, aumentando a oportunidade de negócios, entre outros.[115]

Assim, a utilização do patrocínio pela Administração Pública é plenamente cabível, quando o ente patrocinador encontra-se inserido em um mercado concorrencial. Neste ponto, exclui-se a possibilidade de que a Administração Direta, autarquias ou fundações concedam patrocínio com finalidade comercial, estendendo-se essa impossibilidade às empresas estatais atuantes em mercados não concorrenciais.

O patrocínio é instrumento ínsito às estratégias de *marketing* de entidades atuantes no mercado, inclusive de empresas estatais. Na verdade, qualquer tentativa que visasse a impedir que esses entes administrativos se utilizassem do patrocínio estaria eivada de inconstitucionalidade, porquanto afrontaria o art. 173, §1º, inciso II, da Constituição da República.[116] Ademais, iniciativa com tal contorno significaria sujeitar as empresas estatais atuantes em regime concorrencial a grave entrave competitivo, uma vez que os demais competidores privados – imunes às amarras típicas do regime jurídico de direito público que, em maior ou menor grau, acometem as empresas estatais – poderiam se utilizar do patrocínio para alavancar sua imagem e suas vendas em detrimento da empresa estatal concorrente.[117]

---

[115] CROMPTON, John L. The potential contributions of sports sponsorship in impacting the product adoption process. *Managing leisure*, v. 1, 1995-1996, pp. 199-212.

[116] Art. 173. [...] §1º A lei estabelecerá o estatuto jurídico da empresa pública, da sociedade de economia mista e de suas subsidiárias que explorem atividade econômica de produção ou comercialização de bens ou de prestação de serviços, dispondo sobre: [...] II – *a sujeição ao regime jurídico próprio das empresas privadas, inclusive quanto aos direitos e obrigações civis, comerciais,* trabalhistas e tributários; [grifo adicionado].

[117] Exemplo clássico a ser citado é o do Banco Nacional, então patrocinador do automobilista Ayrton Senna. A marca do Banco era intimamente ligada à do esportista, e vice-versa, de modo que até hoje, 22 anos após a liquidação da instituição financeira, muitas pessoas ainda relacionam as imagens do patrocinador e do patrocinado. Em entrevista, Marcelo Boschi destaca o pioneirismo e a agressividade do Banco Nacional em ações de *marketing* dessa natureza, pontuando que, após a liquidação da instituição, o *player* que mais se

Não se deve olvidar que os atos e os contratos de qualquer entidade da Administração Pública devem sempre ser permeados pela finalidade pública subjacente que ensejou a descentralização administrativa, devendo sua atuação se pautar pela lei e pela Constituição da República – e, especificamente no caso das empresas estatais, pelos preceitos constitucionais que regem a atuação estatal no domínio econômico.[118] A concessão de patrocínio pelas estatais a particulares, portanto, deve constituir instrumento que convirja para a consecução dessa finalidade pública. Nas palavras de Antonio Mazzilli, Giuseppina Mari e Roberto Chieppa:

> A especificidade do patrocínio da Administração Pública consiste em um vínculo de propósito, que permeia todas as atividades da Administração, até aquelas em que há a expressão da capacidade de direito privado: a utilização de tal instrumento deve ser estritamente funcional à realização da finalidade pública perseguida pela Administração.[119]

Assim, o interesse público subjacente à atividade patrocinadora da Administração deverá estar, em qualquer caso, em sintonia com as disposições legais constitucionais que orientam a intervenção estatal nos domínios econômico e social, mesmo quando da concessão de patrocínios com finalidade comercial. Nesse sentido, no caso das empresas públicas e sociedades de economia mista, é mandatória a observância do que dispõe o art. 27, §3º, da Lei nº 13.303/2016, o Estatuto das Empresas Estatais, de modo que a discricionariedade inerente às decisões do patrocinador deve ser

---

aproxima em termos de investimento em esportes – entenda-se: patrocínio – é o Banco do Brasil – justamente uma empresa estatal atuante em regime concorrencial. Disponível em: <http://exame.abril.com.br/marketing/falido-ha-16-anos-marca-do-banco-nacional-ainda-tem-forca/>. Acesso em: 27 maio 2017.

[118] SCHIRATO, Vitor Rhein. *As empresas estatais no direito administrativo econômico atual*. São Paulo: Saraiva, 2016. pp. 178-180.

[119] Tradução livre do seguinte excerto: *"La specificità delle sponsorizzazione della p.a. consiste nell'esistenza di un vincolo di scopo, che del resto permea tutta l'attività della pubblica amministrazione, anche quella espressione della capacità di diritto privato: l'utilizzo di tale strumento deve essere strettamente funzionale alla realizzazione del fine pubblico perseguito dall'amministrazione"*. MAZZILLI, Antonio D.; MARI, Giuseppina; CHIEPPA, Roberto. I contratti esclusi dall'applicazione del codice dei contratti pubblici. In: SANDULLI, Maria Alessandra; DE NICTOLIS, Rosanna; GAROFOLI, Roberto (Coord.). *Trattato sui contratti pubblici: volume I: I principi generali. I contratti pubblici. I soggetti*. Milão: Giuffrè, 2008. pp. 460-464.

exercida nos limites e dentro das hipóteses delineadas na Lei e na Constituição da República.[120]

Deverão ser tidos como ilegítimos, portanto, os patrocínios concedidos por empresas estatais que, sob o pálio de atuar em regime concorrencial, destinem recursos públicos a atividades ou eventos que não se coadunem com o interesse público, que transbordem os limites constitucionais da intervenção do Estado no domínio econômico ou social ou que destoem das finalidades institucionais e da função social da entidade. As empresas estatais, ao intervirem no domínio econômico ou social, devem estrita observância aos ditames constitucionais e legais, de modo que suas práticas e estratégias comerciais não podem resultar em supressão da livre iniciativa, em preterição do interesse público ou em busca de interesses privados da Administração.[121]

Em âmbito privado, é intuitivo admitir que qualquer empresa possa se valer do patrocínio como estratégia de *marketing* comercial. Contudo, uma análise um pouco mais acurada conduz à conclusão de que a atividade empresarial, *per se*, não se afigura elemento decisivo para legitimar a concessão de patrocínios com finalidade comercial por empresas estatais. O mesmo pode se dizer em relação à forma jurídica de que se reveste a estatal. Para se analisar a conformação, ao ordenamento jurídico, da concessão de patrocínio com finalidade comercial, mostra-se mais adequado investigar a atuação concorrencial da entidade.

Explica-se melhor. Muitas empresas estatais – incluídas as sociedades de economia mista, que contam com aporte de recursos privados na composição de seu capital – atuam em regime de monopólio natural, de modo que suas vendas e sua receita não são

---

[120] A questão será analisada de forma mais detida nas Seções 4.3 e 4.4.

[121] Sobre o tema, Vitor Rhein Schirato explica: "Assim, ainda que se pretenda aumentar os campos de atuação e os lucros de empresa estatal para além dos limites legalmente previstos [...] para fins absolutamente lícitos (*v.g.*, aumentar capacidade financeira da Administração Pública para investimento em empreendimentos de interesse coletivo como hospitais e escolas), haverá desvio de finalidade, na medida em que haverá excessos na realização do interesse público que levou à constituição de uma empresa estatal ou restrição desproporcional à livre-iniciativa. Com isso, queremos dizer que nem sempre a busca de interesse privado da Administração Pública será feita para fins ilícitos, mas, de outra forma, sempre implicará ilegalidade (i.e., desvio de finalidade)". *Cf.* SCHIRATO, Vitor Rhein. *As empresas estatais no direito administrativo econômico atual*. São Paulo: Saraiva, 2016. pp. 179.

afetadas pela concessão de patrocínios ou por qualquer outra ação de publicidade. O incremento de suas vendas, receitas, lucros ou carteira de clientes deriva de causas que não estão relacionadas a publicidade ou propaganda.

A concessão do patrocínio, nesses casos, não terá como finalidade precípua a obtenção de lucro, o aumento de vendas, a diversificação da carteira de clientes, ou qualquer outra vantagem de ordem comercial. Pode-se visar, em vez disso, à promoção do fomento social em benefício de alguma atividade específica ou, até mesmo, à difusão ou à consolidação da imagem do patrocinador junto a determinado público ou segmento específico, alvo da ação de patrocínio, com o intuito de legitimação da atuação estatal ante a sociedade – temas a serem abordados nos tópicos a seguir. Do patrocínio concedido com essas finalidades, não resultam vantagens de ordem econômica ou financeira para os respectivos acionistas, ainda que de maneira indireta.

A segregação entre estatais prestadoras de serviços públicos e exploradoras de atividade econômica tampouco fornece subsídios a uma conclusão quanto a pertinência ou não da concessão e patrocínio com finalidade comercial. Nesse sentido, vale trazer o entendimento do já citado Professor da Universidade de São Paulo, Vitor Rhein Schirato:

> [...]. Há atividades econômicas – excluídas, portanto, do rol dos serviços públicos – que não são desempenhadas em caráter de competição e que se revestem de caráter de plena essencialidade, de forma que devem ter sua continuidade e sua viabilidade protegidas pelo Ordenamento, independentemente da natureza jurídica pública ou privada do empreendedor (atividades de abastecimento de alimentos). Por seu turno, há serviços públicos que são realizados em plena competição e com relação aos quais qualquer forma de proteção não deve ser dada ao agente prestador, mas, sim, à atividade, pois em um ambiente competitivo sempre haverá agentes dispostos a assumir o lugar e as atividades de outro agente.[122]

Por isso, consoante o entendimento de que resta ultrapassada qualquer tentativa de divisar o regime jurídico aplicável à

---

[122] SCHIRATO, Vitor Rhein. *As empresas estatais no direito administrativo econômico atual*. São Paulo: Saraiva, 2016. p. 70.

empresa estatal a partir de sua forma jurídica ou de seu *nomen iuris*, sendo indispensável, para tanto, considerar a atividade desempenhada,[123] reitera-se ser determinante, para legitimar a atuação da empresa estatal como patrocinadora visando à finalidade comercial, que a entidade atue em regime concorrencial, independentemente de sua forma jurídica. Igualmente, não basta verificar se a atividade desempenhada é formalmente considerada prestação de serviço público ou exploração de atividade econômica. O elemento determinante será a atuação da estatal em regime concorrencial.

Nesse cenário, a regularidade do patrocínio com finalidade comercial deverá ser analisada segundo as idiossincrasias do caso concreto, sobretudo em estatais que contam com recursos privados na composição de seu capital. Nessas entidades, o retorno sobre o capital aportado é o fundamento que atrai o investimento privado, de modo que qualquer aplicação de recursos de maneira desinteressada pode fazer surgir conflito de interesses entre o controlador e os acionistas minoritários. Nesse sentido, mais uma vez, merece destaque a lição de Vitor Schirato:

> Os investidores das empresas estatais têm que sempre ter em vista que a finalidade precípua de referidas empresas é alcançar uma finalidade de interesse coletivo, e que, portanto, as decisões societárias (sobretudo aquelas relacionadas a investimentos) devem sempre se ater às finalidades da empresa. Contudo, isso não implica uma renúncia ao retorno financeiro do investimento, o que dá origem a sérias controvérsias no que se refere ao interesse prevalecente no tocante às empresas estatais.[124]

Importante destacar, nesse específico, o art. 238 da Lei nº 6.404/1976, que preceitua que a pessoa jurídica que controla a companhia de economia mista tem os deveres e responsabilidades do acionista controlador, mas poderá orientar as atividades da companhia de modo a atender ao interesse público que justificou a sua criação.

---

[123] SCHIRATO, Vitor Rhein. *As empresas estatais no direito administrativo econômico atual*. São Paulo: Saraiva, 2016. pp. 96-103.

[124] SCHIRATO, Vitor Rhein. *As empresas estatais no direito administrativo econômico atual*. São Paulo: Saraiva, 2016. p. 149.

Desse modo, o patrocínio desinteressado, ou seja, aquele realizado sem a pretensão de redundar em benefício econômico ou financeiro para os acionistas, para ser legítimo, deverá não apenas estar alinhado às finalidades sociais da empresa, segundo a Constituição da República, a Lei nº 13.303/2016 o e estatuto social ou instrumento equivalente, mas demandará o equilíbrio entre essas finalidades e os direitos dos acionistas minoritários.

Assim, o patrocínio concedido por uma empresa estatal, em regra, deverá ter finalidade comercial, possibilitando alguma distinção competitiva em relação aos demais *players* de um dado mercado, com potencial impacto positivo em receitas, vendas, carteira de clientes, lucros ou outra variável estrategicamente relevante sob o prisma comercial. Não verificada essa hipótese, o patrocínio terá natureza desinteressada, com finalidade diversa da comercial, o que poderá ser prática contrária à finalidade social da entidade ou aos interesses de eventuais investidores privados minoritários.

Por fim, é importante pontuar a possibilidade da constituição de empresas estatais que não persigam a lucratividade, "desde que esta seja a medida necessária para o alcance das finalidades que levaram à constituição da empresa".[125] Dificilmente, nesse caso, devido à falta de atratividade, haverá a concorrência de capital privado na constituição da estatal, de modo que a forma jurídica mais adequada seria a de uma empresa pública. Nessa hipótese, atendidas as finalidades constitucionais que ensejaram a criação da entidade, e não havendo interesse minoritário a ser observado, não haveria óbices teóricos à concessão do patrocínio. Contudo, dificilmente se estará diante de um patrocínio com fundamento comercial, podendo ser, a exemplo, um patrocínio com finalidade de fomento.

3.4.2 Instrumento de fomento social

O patrocínio, por estar relacionado ao conceito de publicidade, é considerado, por muitos, um instrumento de uso típico de

---

[125] SCHIRATO, Vitor Rhein. *As empresas estatais no direito administrativo econômico atual*. São Paulo: Saraiva, 2016. p. 180.

entidades empresariais. Nesse sentido, há quem defenda que sua utilização, pelo Estado, deveria estar adstrita aos entes exploradores de atividade econômica em sentido estrito, hipótese em que o patrocínio teria fins eminentemente comerciais e seria utilizado de forma compatível com a economicidade e o empreendedorismo característico dessas entidades.[126]

Contudo, como já esposado, tal visão parece sobremaneira apegada à tradicional teoria administrativa, não mais encontrando substrato na atuação da moderna Administração Pública. É que ela ignora, de um lado, a permanente necessidade de adaptação da atividade administrativa e, de outro, os resultados que podem advir da utilização do patrocínio estatal ativo para a consecução das diversas e variadas finalidades estatais.

E essa percepção é fundamental. O Direito Administrativo não pode permanecer alheio ao *modus operandi* da Administração, sob pena de se tornar estéril, ou um fim em si mesmo. A teoria não pode ignorar que a prática administrativa cada vez menos se permite limitar por formalidades rígidas, valendo-se de meios cada vez mais dinâmicos e complexos para a consecução de suas finalidades.[127]

E uma dessas finalidades é o fomento, sobre a qual, a partir de agora, se discorre.

A doutrina converge em apontar que a atividade administrativa de fomento, historicamente, não foi alvo da atenção dos estudiosos do Direito Administrativo. Por conta disso, são escassos, sobretudo da literatura administrativista pátria, os estudos que examinam tal atividade com a diligência e a profundidade que o tema exige.[128]

---

[126] BARBIERO, Alberto. *Strumenti per la gestione delle sponsorizzazioni negli enti locali*. Matelica: Halley, 2004. p. 57.

[127] PRESTES, Vivianéli Araújo. A instrumentalização da atividade de fomento pelas políticas públicas e a garantia do princípio da igualdade. In: PONTES FILHO, Valmir; GABARDO, Emerson. (Coord.). Problemas emergentes da administração pública. In: CONGRESSO BRASILEIRO DE DIREITO ADMINISTRATIVO, 28, 2014, Foz do Iguaçu. Anais.... Belo Horizonte: Fórum, 2015. p. 541.

[128] Por todos, *cf.* VALIM, Rafael. *A subvenção no direito administrativo brasileiro*. São Paulo: Contracorrente, 2015. pp. 23-25. Cumpre, nesse sentido, alertar que o presente trabalho não tem a pretensão de mitigar essa escassez. A teoria da atividade administrativa de fomento será aqui explorada tão somente na extensão necessária para que se possa caracterizar o patrocínio como um instrumento à disposição da Administração para a consecução de sua função fomentadora.

Nesse contexto, diante da constatação de que o fomento estatal não recebia de estudiosos a atenção correspondente à sua importância, Luiz Jordana de Pozas, em estudo pioneiro publicado em 1949,[129] propôs uma ruptura na – até então vigente – classificação dicotômica[130] das funções administrativas, descortinando e caracterizando, ao lado das atividades de polícia e de prestação de serviços públicos, a atividade estatal de fomento.

A delimitação proposta por Jornada de Pozas é essencialmente negativa, ou seja, atribui à atividade de fomento um caráter residual, apontando o que ela *não* é, e definindo-a como

> [...] a ação da Administração voltada a proteger ou a promover aquelas atividades, estabelecimentos ou riquezas devidos a particulares e que atendem a necessidades públicas ou que são consideradas de utilidade geral, sem usar da coação nem criar serviços públicos.[131]

Não haveria, assim, de se confundir a atividade de fomento com a de polícia, pois enquanto esta previne e reprime, aquela protege e promove sem o uso da coação. Confusão não há de existir, tampouco, entre a função de fomento e a de prestação de serviços públicos, pois, nesta, ainda que o serviço seja prestado por particulares, a competência para prestação é atribuída à Administração, enquanto, no fomento, a Administração atua estimulando particulares para que, por sua própria vontade e iniciativa, deem consecução ao objetivo perseguido pela Administração.[132]

Nas precisas palavras de Célia Cunha Mello,

> [a] ação administrativa de fomento tem como missão a canalização de recursos para certas atividades, no sentido de colocá-las em situação

---

[129] JORDANA DE POZAS, Luis. Ensayo de uma teoria del fomento em el derecho administrativo. *Revista de estudios políticos*, n. 48, 1949, pp. 41-54.

[130] VALIM, Rafael. *A subvenção no direito administrativo brasileiro*. São Paulo: Contracorrente, 2015. p. 49.

[131] Tradução livre do seguinte excerto: "[...] *la acción de la Administración encaminada a proteger o promover aquellas actividades, estabelecimientos o riquezas debidos a los particulares y que satisfacen necesidades públicas o se estiman de utilidade general, sin usar de la coacción ni crear servicios públicos*". JORDANA DE POZAS, Luis. Ensayo de uma teoria del fomento em el derecho administrativo. *Revista de estudios políticos*, n. 48, 1949, p. 46.

[132] JORDANA DE POZAS, Luis. Ensayo de uma teoria del fomento em el derecho administrativo. *Revista de estudios políticos*, n. 48, 1949, p. 46; MELLO, Célia Cunha. *O fomento da administração pública*. Belo Horizonte: Del Rey, 2003. p. 55.

mais favorecida do que aquela que resultaria de uma livre dinâmica das relações econômicas, sociais e culturais. O Estado altera as condições ordinárias ao conceder incentivos fiscais, ao praticar atividades bancárias e operações financeiras em condições favoráveis ao agente fomentado, ao adotar meios psicológicos e honoríficos. Enfim, o Estado coloca o sujeito fomentado em uma conjuntura econômica, social e cultural mais favorecida do que aquela que lhe seria apresentada, não fossem as medidas de fomento adotadas em momento anterior.[133]

Quando abordado pela doutrina, algumas vozes analisam o fomento estatal sob um enfoque predominantemente voltado à intervenção do Estado na ordem econômica.[134] Não obstante, o fomento cumpre relevante papel na promoção da igualdade e do bem-estar social. Nesse sentido, Diogo Moreira de Figueiredo Neto, em esmerada análise, destaca que o *"fomento público social* tem como seu destinatário direto o homem e envolve a multiplicação de instrumentos de amplo alcance coletivo destinados a elevá-lo, orientá-lo e auxiliá-lo para o desfrute de uma vida condigna e produtiva em uma sociedade livre e educada".[135]

Nossa Constituição da República traz extenso rol de atividades socialmente relevantes que *devem* ser objeto da função promocional do Estado. Apenas para ficar em alguns exemplos, citam-se: art. 3º, inciso IV (objetivo fundamental da República Federativa do Brasil: promover o bem de todos, sem preconceitos de origem, raça, sexo, cor, idade e quaisquer outras formas de discriminação); art. 180 (promoção e incentivo ao turismo por todos os entes federados como fator de desenvolvimento social e econômico); art. 215 (dever do Estado garantir a todos o pleno exercício dos direitos culturais e o acesso às fontes da cultura nacional, bem como apoiar e incentivar a valorização e a difusão das manifestações culturais); art. 216, §1º (promoção e proteção, pelo poder público, com o auxílio da

---

[133] MELLO, Célia Cunha. *O fomento da administração pública*. Belo Horizonte: Del Rey, 2003. pp. 85-86.

[134] Um exemplo pode ser encontrado em KLEIN, Aline Lícia; MARQUES NETO, Floriano de Azevedo. Funções administrativas do Estado. In: DI PIETRO, Maria Sylvia Zanella (Coord.). *Tratado de direito administrativo*. São Paulo: Revista dos Tribunais, 2014, v. 4. pp. 417-418, 493-495.

[135] MOREIRA NETO, Diogo de Figueiredo. *Curso de direito administrativo*: parte introdutória, parte geral e parte especial. 15. ed. Rio de Janeiro: Forense, 2009. p. 594.

comunidade, do patrimônio cultural brasileiro, por meio de diversas formas de preservação); art. 217 (dever do Estado: fomentar práticas desportivas formais e não formais, como direito de cada um); art. 217, §3º (incentivo, pelo poder público, do lazer, como forma de promoção social); art. 218 (promoção e incentivo, pelo Estado, do desenvolvimento científico, da pesquisa, da capacitação científica e tecnológica e da inovação; entre tantos outros.[136]

Vê-se, pelos dispositivos *supra* elencados, que o fomento público social está devidamente consignado como mandamento constitucional, não sendo mera liberalidade administrativa, sujeita ao arbítrio do gestor. Nesse sentido, merece transcrição o entendimento de José Roberto Pimenta Oliveira:

> [...] é fundamental registrar que nenhuma modalidade de fomento pode ser qualificada como mero ato de liberalidade administrativa, em favor de seus beneficiários imediatos, sejam particulares ou não. Da condição de atividade supostamente alheia ao Direito, por não envolver coação estatal, a atividade promocional ostenta, na atualidade, o signo da sua cabal juridicização, seguindo as injunções derivadas do modelo de Estado de Direito, em vigor. Desta inserção surge a incidência integral dos vetores principiológicos da ação administrativa no campo do fomento, que deve ser considerado como forma típica de *função administrativa*.[137]

A dicção constitucional sobre a função fomentadora da Administração, portanto, impõe um dever que tem duas faces: de um lado, deve o Estado Social de Direito planejar e realizar políticas públicas e oferecer instrumentos que incentivem, estimulem e promovam as diretrizes sociais estabelecidas na Constituição, com vista à satisfação do interesse público; por outro, ainda que essas políticas não venham a ser implementadas ou esses instrumentos não venham a ser disponibilizados, é defeso ao Estado embaraçar iniciativas particulares que visem à promoção legítima do bem-estar social.[138]

---

[136] Extensa análise sobre os setores sociais em que é cabível o fomento social por parte do Estado pode ser apreciada em MOREIRA NETO, Diogo de Figueiredo. *Curso de direito administrativo:* parte introdutória, parte geral e parte especial. 15. ed. Rio de Janeiro: Forense, 2009. pp. 594-602.

[137] OLIVEIRA. José Roberto Pimenta. *Os princípios da razoabilidade e da proporcionalidade no direito administrativo brasileiro.* São Paulo: Malheiros, 2006. p. 518.

[138] MOREIRA NETO. *Curso de direito administrativo:* parte introdutória, parte geral e parte especial. 15. ed. Rio de Janeiro: Forense, 2009. pp. 584-585.

Em síntese, para a caracterização da função de fomento, devem-se observar dois requisitos fundamentais. O primeiro é que a formação da relação jurídica de fomento exige a inexistência de coação, pois, como acertadamente pontuado por Rafael Valim, "fomento obrigatório, coativo, é uma contradição em termos".[139] Essa característica, contudo, não exclui a obrigatoriedade de as partes guardarem a mais estrita boa-fé, além de observarem e adimplirem as normas contratuais e legais que regem a relação de fomento já porventura estabelecida. A voluntariedade reside na concretização da relação de fomento, mas não na sua execução após o estabelecimento da relação.

O segundo requisito para restar caracterizada a relação jurídica de fomento administrativo é a verificação da atuação estatal no sentido de incentivar, nos termos constitucionais, o particular a dar consecução a vetores sociais que promovam o bem-estar e a justiça sociais. A atuação do Estado é, portanto, indireta e mediata, cabendo ao particular atuar, direta e imediatamente, na concretização da atividade fomentada.

> Assim, a distinção não está no elemento finalístico comum a toda atividade administrativa, mas no *modus operandi*, ou seja, na técnica jurídica operativa de estruturação ou criação do vínculo jurídico-administrativo entre particular fomentado e Administração fomentadora, em vista ao interesse público colimado pela lei.[140]

Se, no fomento estatal, a relevância reside em identificar o *modus operandi* do Estado, que deve atuar de modo mediato e indireto, é de rigor analisar os instrumentos por meio dos quais a Administração dá efetividade a tão relevante função. Esses instrumentos são diversos, e a doutrina os classifica em categorias variadas.

Em seu clássico estudo, Jordana de Pozas classifica o fomento em positivo e negativo, conforme outorguem vantagens ou imponham obstáculos à determinada atividade. Outra classificação proposta por Jornada de Pozas é aquela que distingue os meios

---

[139] VALIM, Rafael. *A subvenção no direito administrativo brasileiro*. São Paulo: Contracorrente, 2015. p. 53.

[140] OLIVEIRA. José Roberto Pimenta. *Os princípios da razoabilidade e da proporcionalidade no direito administrativo brasileiro*. São Paulo: Malheiros, 2006. p. 516.

de fomento em honoríficos, econômicos e jurídicos. Em suma: meios honoríficos compreendem distinções e recompensas como reconhecimento público pela realização de determinado ato ou conduta exemplar; meios econômicos são aqueles dos quais deriva uma vantagem patrimonial em favor do beneficiário, como a entrega de determinada quantia ou a dispensa de um pagamento devido; e meios jurídicos são aqueles caracterizados pela outorga de uma condição jurídica privilegiada em detrimento de terceiros, o que, de modo indireto, traduz-se em uma vantagem econômica.[141]

Tal classificação não é indene a críticas. Relativamente aos meios honoríficos, aponta-se ausência de causa e efeito entre o suposto fomento e a atividade, já que o reconhecimento é posterior à atividade. Quanto aos meios jurídicos, a principal razão erigida por parte da doutrina para refutá-los como instrumento de fomento é a possibilidade de haver, em sua aplicação, coerção ou imposição legal em detrimento de terceiros – como no caso em que a lei impõe consumo de produtos fabricados por determinada pessoa ou empresa.[142]

Célia Cunha Mello sugere, ainda, a existência de meios psicológicos de fomento, assim entendidos aqueles "capazes de persuadir, sugestionar e induzir atitudes e valores". Nesse sentido, ao pontuar a importância dos meios de comunicação em massa para essa finalidade, Mello explica que a "propaganda veiculada por televisão, rádio ou internet evidencia-se como poderoso instrumento condicionador de opiniões e de comportamento das pessoas".[143] Nesse caso, o fomento constituiria uma relação entre a Administração, promotora da publicidade, e o público-alvo dessa publicidade.

---

[141] JORDANA DE POZAS, Luis. Ensayo de una teoria del fomento en el derecho administrativo. *Revista de estudios políticos*, n. 48, 1949, pp. 51-53.

[142] Para um panorama mais amplo sobre as críticas relacionadas às categorizações dos instrumentos administrativos de fomento, *cf.* OLIVEIRA. José Roberto Pimenta. *Os princípios da razoabilidade e da proporcionalidade no direito administrativo brasileiro.* São Paulo: Malheiros, 2006. pp. 520-524; VALIM, Rafael. *A subvenção no direito administrativo brasileiro.* São Paulo: Contracorrente, 2015. pp. 63-67; MELLO, Célia Cunha. *O fomento da administração pública.* Belo Horizonte: Del Rey, 2003. pp. 92-131. ARIÑO ORTIZ, Gaspar. *Principios de derecho público económico:* modelo de Estado, gestión pública, regulación económica. Granada: Comares, 1999. pp. 290-292.

[143] MELLO, Célia Cunha. *O fomento da administração pública.* Belo Horizonte: Del Rey, 2003. pp. 90-92.

A teoria acerca dos chamados "meios psicológicos" também não é de aceitação pacífica. Algumas vozes postulam que, nesse mecanismo de fomento – cujo principal meio é publicidade –, não haveria vantagem alguma outorgada a particulares com a finalidade de estimular determinado comportamento.[144]

Há, ainda, vertente que classifica os instrumentos de fomento em duas grandes classes: instrumentos financeiros, de que são exemplos os empréstimos, os subsídios, os incentivos, as participações diretas como acionista, as concessões de garantias, etc.; e os não financeiros, que podem ser representados por prestações de informações, assessorias, criação de infraestrutura para a atividade fomentada, etc. A diversidade de instrumentos dos quais a Administração pode se valer para incentivar determinada atividade pode ser ainda mais ampliada pela combinação de mais de um desses ou de outros instrumentos.[145]

O patrocínio – embora seja um instrumento de publicidade e não caracterize a prestação de um serviço de publicidade, como já visto –, enquadra-se no conceito de *instrumento econômico – ou financeiro – de fomento*, quando concedido pelo Estado em favor do particular para que este desenvolva determinada atividade. Explica-se a seguir.

Primeiramente, demonstrou-se, na Seção 2.2.2 desta obra, que o contrato de patrocínio é bilateral e oneroso, num sinalagma perfeito, ou seja, há o estabelecimento de prestações e contraprestações subjetivamente equivalentes e recíprocas, de modo que o benefício patrimonial experimentado pelo patrocinado corresponde ao sacrifício patrimonial percebido pelo patrocinador. O beneficiário, ou seja, o patrocinado, recebe incentivo de ordem patrimonial – dinheiro, bens ou serviços – para realizar determinado evento ou para realizar determinada atividade de interesse público. Resta, assim, caracterizado seu aspecto econômico.

---

[144] OLIVEIRA. José Roberto Pimenta. *Os princípios da razoabilidade e da proporcionalidade no direito administrativo brasileiro*. São Paulo: Malheiros, 2006. p. 524.

[145] KLEIN, Aline Lícia; MARQUES NETO, Floriano de Azevedo. Funções administrativas do Estado. In: DI PIETRO, Maria Sylvia Zanella (Coord.). *Tratado de direito administrativo*. São Paulo: Revista dos Tribunais, 2014, v. 4. p. 435.

Deve-se esclarecer que o estabelecimento de contraprestações, quando da concessão do patrocínio pela Administração Pública, não tem o condão de descaracterizar a relação jurídica de fomento, pois, conforme assinala Gaspar Ariño Ortiz, a outorga de meios econômicos de fomento faz surgir uma relação de *sujeição especial*, já que o beneficiário se compromete a umas obrigações (fundamentalmente a realização da atividade promovida) e a Administração passa a gozar de amplas prerrogativas de controle.[146]

Outro ponto que reforça a adequação do patrocínio como instrumento de fomento é que o estabelecimento da relação jurídica de patrocínio decorre da autonomia da vontade das partes. Não há coação. De um lado, o particular não é compelido a ser patrocinado ou a buscar o patrocínio estatal para a realização de determinada atividade de interesse público. Equivalentemente, embora a Constituição atribua ao Estado um dever abstrato de promoção e de incentivo relativamente a determinadas atividades sociais de interesse público, a concessão de patrocínio por parte da Administração está inserta no campo da discricionariedade administrativa. Assim, a utilização do patrocínio ativo como meio para concretizar a função estatal de fomento estará sujeita a critérios de conveniência e oportunidade quanto ao patrocinado, aos valores de patrocínio, às áreas beneficiadas, às contrapartidas estabelecidas, etc.

A própria utilização desse instrumento sujeita-se ao juízo discricionário do administrador, que poderá valer-se de outros instrumentos para promover ou incentivar determinada atividade – como a subvenção, a isenção fiscal, etc. Cumpre ressaltar, somente, que, uma vez estabelecida a relação jurídica contratual referente ao patrocínio, obrigam-se as partes às disposições contratuais assumidas, bem como aos mandamentos legais pertinentes à avença.

---

[146] Tradução livre de parte do seguinte excerto: "*Además con el otorgamiento de medios económicos de fomento surge una relación de* sujeción especial, *ya que el beneficiário se compromete a unas obligaciones (fundamentalmente la realización de la atividad promovida) y la Administración goza de amplias potestades de control por lo que es preciso uma previa habilitación legal que module dichas situaciones*". ARIÑO ORTIZ, Gaspar. *Principios de derecho público económico*: modelo de Estado, gestión pública, regulación económica. Granada: Comares, 1999. p. 294. No mesmo sentido, *cf.* VALIM, Rafael. *A subvenção no direito administrativo brasileiro*. São Paulo: Contracorrente, 2015. pp. 51-52.

Quanto às atividades a serem desenvolvidas pelo particular, e em linha com a já delineada crise de legalidade apontada pela doutrina administrativista, deve-se asseverar que a atividade estatal de fomento – e, portanto, a concessão de patrocínios com tal finalidade – deve encontrar na Constituição da República seus principais vetores hermenêuticos. Daí não bastar que o patrocínio concedido com fulcro na função administrativa de fomento convirja para o atendimento do interesse público. Para ser legítimo e consonante com a prescrição constitucional, o patrocínio, além de se mostrar o meio mais adequado para o alcance do interesse público no caso concreto, deverá ater-se às áreas e às atividades sociais expressamente previstas na Constituição como passíveis de serem incentivadas, promovidas, impulsionadas, apoiadas ou protegidas pelo Estado. Atuação além desse marco poderá evidenciar intervenção estatal indevida na esfera privada ou, até mesmo, promoção de interesses privados pela Administração Pública.

Nesse sentido, é lícito, ao administrador, patrocinar iniciativas privadas de interesse público em áreas consideradas socialmente relevantes pela Constituição e, por isso, merecedoras da propulsão estatal. Tais áreas incluem o turismo, o meio ambiente, a cultura, o desporto, o lazer, a pesquisa, a ciência e tecnologia, entre outras. O patrocínio estatal como instrumento de fomento social, na verdade, tem por fundamento permitir a realização de eventos ou a consecução de atividades privadas de interesse geral e social que estariam inviabilizadas caso não houvesse a concorrência de recursos públicos para o seu financiamento.

Ressalte-se que o fato de o patrocínio envolver, no adimplemento da contraprestação, a execução de publicidade, não desfigura a finalidade de interesse público subjacente à atividade ou evento patrocinado. Nesse sentido, parece carecer de substrato consistente o entendimento de Baena de Alcázar que, ao analisar os já abordados meios psicológicos de fomento, afirma ser muito discutível que a propaganda seja uma atividade interessante para o Direito Administrativo, pois, na opinião do catedrático espanhol, é duvidoso que a Administração atue nesses casos como poder público.[147]

---

[147] Tradução livre do seguinte excerto: "[...] *es muy discutible que la propaganda sea una actividad interesante para el Derecho administrativo, porque es, cuando menos, dudoso que la Administración*

Já se afirmou, nesta publicação, que a Administração Pública, dentro das balizas traçadas pelos princípios constitucionais, mormente o da legalidade, deve buscar os instrumentos que melhor permitam o alcance do interesse público e a concretização dos direitos individuais e sociais. Se a publicidade se prestar a esse fim, devem os estudiosos do Direito Administrativo descortinar as peculiaridades do fenômeno, alicerçando a jurisprudência e o legislador no estabelecimento de uma matriz normativa mínima para tal prática.

No que tange à função fomentadora do patrocínio ativo da Administração, destaca-se não haver manifestações jurisprudenciais que conduzam a uma posição consolidada. No âmbito do Tribunal Superior Eleitoral, em 30 de julho de 2002, quando do julgamento da Petição nº 1.145, apreciou-se patrocínio concedido pelas Centrais Elétricas Brasileiras S.A., sociedade de economia mista, à realização do projeto cultural "Um Sonho de Catharina", musical cujo objetivo era resgatar a história de Santa Catarina do século XVIII. Na ocasião, em decisão monocrática, o Ministro Relator considerou que o patrocínio analisado se tratava de fomento à atividade cultural, e não de publicidade institucional de ato, programa, obra, serviço ou campanha, o que afastaria a incidência da restrição à publicidade institucional em ano eleitoral prevista no art. 73, inciso VI, alínea "b", da Lei nº 9.504/1997.

Deve-se ressalvar, apenas, que nem todo patrocínio poderá ser considerado instrumento legítimo de fomento, pois, como já analisado, a iniciativa patrocinadora poderá ter finalidade eminentemente comercial, ainda que os recursos públicos tenham sido destinados a financiar um evento ou uma atividade socialmente relevante, como um evento cultural ou desportivo. Não é demais repisar que, mesmo nesses casos, em que o fundamento que o ensejou seja eminentemente comercial, os recursos deverão ser destinados a uma atividade ou evento em que esteja evidenciado o interesse público, sob pena de atuação ilegal por parte da Administração.

Quanto aos sujeitos ativos do patrocínio com finalidade fomentadora, parece ser viável a toda a Administração direta e

---

actúe en estos casos como poder público". BAENA DE ALCÁZAR, Mariano. Sobre el concepto de fomento. *Revista de administración pública*, Madri, n. 54, 2000, p. 70.

indireta valer-se desse instrumento. A Constituição da República, ao definir as áreas em que o Estado deverá atuar incentivando, estimulando ou impulsionando a atividade privada, não delimita que tal mister deverá ser cumprido pela Administração centralizada ou descentralizada. Em verdade, o texto constitucional se refere, de forma ampla e genérica, a um dever dirigido ao "Estado" (art. 218, *caput* e §7º), ao "Poder Público" (art. 216, §1º), ou aos entes federativos "União, Estados, Distrito Federal e Municípios" (art. 180).[148]

Assim, é legítimo que a Administração direta, bem como a autárquica e fundacional, figure como patrocinadora de eventos particulares, desde que, nesse caso, o objeto do patrocínio guarde pertinência temática com a área de atuação e com as finalidades institucionais do órgão ou da entidade patrocinadora. Se assim não for, seria inegável a atuação do órgão ou entidade para além das finalidades legais e constitucionais que ensejaram sua criação, inclusive sob risco de invasão das competências de outro órgão ou entidade, deslegitimando a atuação estatal, nesse caso.[149]

No que tange às estatais atuantes em regime não concorrencial, não há como evidenciar interesse comercial em ações de patrocínio protagonizadas por essas entidades, de modo que sua atuação como patrocinadora poderá estar adstrita à função de fomento social do Estado, atendidos os ditames constitucionais, legais

---

[148] Os dispositivos constitucionais apontados são apenas exemplos. Outras hipóteses semelhantes podem ser encontradas no texto constitucional.

[149] Nesse sentido, vale transcrição de excerto da Deliberazione n. 11/2011, da Corte dei Conti Italiana, Sezione Regionale di Controllo per la Liguria: "*Pertanto, deve considerarsi vietata qualsiasi forma di contribuzione intesa a valorizzare il nome o la caratteristica del comune ovvero a sostenere eventi che non siano diretta espressione dei compiti istituzionali dell'Ente mentre sono tutt'ora ammesse le contribuzioni a soggetti terzi per iniziative culturali, artistiche, sociali, di promozione turistica (elencazione questa non esaustiva), che mirano a realizzare gli interessi, economici e non, della collettività amministrata, ossia le finalità istituzionali dell'ente locale. Tali iniziative, concretizzazione del principio di sussidiarietà orizzontale, rappresentano una modalità alternativa della realizzazione del fine pubblico rispetto alla scelta della parte dell'Amministrazione di erogare direttamente un servizio di utilità per la collettività*". Tradução livre: "Portanto, deve-se considerar proibida qualquer contribuição destinada a valorizar o nome ou as características da comunidade ou a financiar eventos que não constituam expressão direta das competências institucionais do ente, sendo admitidas contribuições a terceiros para promoção cultural, artística, social ou do turismo (lista não exaustiva), que visem a concretizar o interesse da coletividade, isto é, a finalidade institucional do ente local. Tais iniciativas, concretizadoras do princípio da subsidiariedade horizontal, representam uma maneira alternativa de consecução da finalidade pública, no que concerne à escolha, pela Administração, de entregar diretamente um serviço de utilidade pública para a coletividade".

e estatutários que regem a atuação da empresa pública ou da sociedade de economia mista em questão. Nesse caso, a natureza empresarial da entidade confere uma maior flexibilidade à sua atuação: desde que permitido pelo objeto e pelas finalidades da empresa estatal, nos termos de seu estatuto social ou instrumento congênere, não há de se exigir que o objeto patrocinado esteja especificamente relacionado a assuntos ou à área de atuação da estatal. Essas empresas, portanto, podem constituir importante instrumento à disposição do Estado para a promoção de finalidades sociais constitucionalmente estabelecidas.

No caso das estatais atuantes em regime concorrencial, pela natureza privada e eminentemente econômica de sua atividade, restringir a utilização do patrocínio à sua área de atuação significaria a imposição de relevante entrave competitivo, uma vez que restariam limitadas a busca por novos clientes, a penetração em novos mercados, entre outras estratégias empresariais essenciais à continuidade e ao desenvolvimento dessas entidades. Assim, a liberdade da atuação patrocinadora dessas empresas, desde que atuantes em regime concorrencial, deve ser ampla, observados os preceitos constitucionais, legais e estatutários que regem sua atuação.

Ressalta-se que, para as estatais, em qualquer caso, é mandatória a observância das disposições da Lei nº 13.303/2016, inclusive no que tange às áreas às quais o patrocínio poderá ser dirigido: atividades culturais, sociais, esportivas, educacionais e de inovação tecnológica, desde que comprovadamente vinculadas ao fortalecimento de sua marca.

Haverá casos em que será possível identificar claramente se o patrocínio concedido por uma empresa estatal terá natureza comercial ou fomentadora. Quando uma sociedade de economia mista federal do setor financeiro patrocina clubes esportivos profissionais de grande projeção nacional, não restam dúvidas de que esse patrocínio terá natureza eminentemente comercial, vinculando-se à estratégia empresarial da entidade. Por outro lado, quando uma empresa pública distrital que atua de forma não concorrencial no setor imobiliário patrocina iniciativa particular com o fim de organizar e realizar uma maratona de rua, há clara manifestação de um fomento ao desporto amador ou ao lazer – áreas sociais passíveis do incentivo estatal, respectivamente contemplados no *caput* e no §3º, ambos do art. 217 da Constituição da República –, pois, dada a peculiaridade de sua atividade e ante a ausência de concorrentes comerciais, o patrocínio não seria instrumento hábil a, direta ou indiretamente, acrescer o lucro da estatal ou melhorar sua posição no mercado.

Pode ocorrer, contudo, que o patrocínio tenha natureza híbrida: ao mesmo tempo que se promove determinada atividade reconhecida pela coletividade como de relevante interesse social, associa-se a imagem do patrocinador àquela atividade, gerando para este um reconhecimento perante a sociedade, o que pode resultar em ganhos comerciais. Um exemplo seria uma sociedade de economia mista atuante em regime concorrencial que patrocina iniciativas desportivas amadoras voltadas à inclusão social de menores expostos a uma situação de vulnerabilidade socioeconômica. Tal postura, ao mesmo tempo que fomenta o desporto, traz reconhecimento no âmbito da sociedade, o que pode se traduzir em incremento de vendas, receitas, *market share*, etc.[150] Na dicção de Elizabeth Pazito Brandão:

> Por parte do mercado, as empresas, preocupadas com a sua imagem pública, sentiram-se compelidas a tomar atitudes socialmente responsáveis e tanto as instituições privadas quanto as públicas ficaram mais atentas às reivindicações dos cidadãos. O empresariado descobriu que o respeito à cidadania, a responsabilidade social, a prestação de contas à sociedade, a transparência nas suas atividades, enfim, atitudes consideradas politicamente corretas vendem mais do que apenas propaganda.[151]

---

[150] Em sua tese de doutoramento, Fernanda Gabriela Borger conclui que o patrocínio de eventos, de campanhas culturais, sociais, esportivas, de projetos ambientais, etc. constitui uma das iniciativas de responsabilidade social empresarial que podem afetar positivamente o desempenho e a lucratividade das empresas: "A RSE [responsabilidade social empresarial] proporciona melhores condições competitivas a médio e longo prazo para as empresas captarem novos clientes, que valorizem qualidade, credibilidade e confiança, e têm competência para atender aos padrões de exigência dos clientes e também novos padrões legais que porventura possam vir a ser exigidos. A RSE amplia o potencial de crescimento da participação do mercado das empresas". *Cf.* BORGER, Fernanda Gabriela. *Responsabilidade social: efeitos da atuação social na dinâmica empresarial*. 2001. 254 f. Tese. (Doutorado em Administração) – Faculdade de Economia, Administração e Contabilidade da Universidade de São Paulo, São Paulo, 2001, p. 243. No mesmo sentido: LOURENÇO, Alex Guimarães; SCHRÖDER, Deborah de Souza. Vale investir em responsabilidade social empresarial? Stakeholders, ganhos e perdas. In: *Responsabilidade social das empresas: a contribuição das universidades*. São Paulo: Peirópolis, 2003, v. 2. pp. 77-119.

[151] BRANDÃO, Elizabeth Pazito. Conceito de comunicação pública. In: DUARTE, Jorge. (Org.). *Comunicação pública: Estado, mercado, sociedade e interesse público*. 3. ed. São Paulo: Atlas, 2012. p. 9.

E esse é um efeito que não está adstrito às entidades que atuam em regime concorrencial ou de mercado. Não se pode ignorar que o patrocínio ativo, mesmo no âmbito da Administração direta ou indireta, tem impacto sobre o destinatário da publicidade. Até aqui, justificou-se a atividade patrocinadora Estado com fundamento na relação entre patrocinador e patrocinado. Contudo, considerando que o Estado deverá sempre visar à finalidade de interesse público, não é despiciendo analisar esse instrumento à luz da relação entre o Estado e a sociedade, ou seja, entre o patrocinador e o público-alvo da ação publicitária que será executada pelo patrocinado, a título de adimplemento de sua contraprestação. No tópico a seguir, analisa-se essa relação sob o viés do potencial efeito que o patrocínio estatal tem sobre a sociedade: o efeito legitimador.

3.4.3 Instrumento de legitimação da atuação estatal

Já se viu que o patrocínio ativo estatal, embora não constitua prestação de serviços de publicidade, é um relevante instrumento de comunicação em que patrocinador e patrocinado constroem uma íntima ligação, mais ou menos duradoura, entre suas imagens. Trata-se de uma relação, portanto, cujos benefícios transbordam os efeitos meramente patrimoniais, favorecendo mutuamente patrocinador e patrocinado, até mesmo sob um aspecto moral.

Quando o patrocinado privado adimple sua contrapartida em publicidade, associando à sua atividade ou ao seu evento a imagem institucional do órgão ou da entidade da Administração Pública patrocinadora, a sociedade é informada de que o Estado, de alguma maneira, apoia a iniciativa privada, o que impacta positivamente a aceitabilidade, a confiabilidade e a legitimidade da atuação do particular. Assim, o Estado, ao patrocinar determinada iniciativa privada, confere-lhe maior percepção de idoneidade, pois há a presunção legítima de que a atividade ou o evento patrocinado está em consonância com o interesse público.

O patrocinador público, por sua vez, ao associar sua imagem à determinada iniciativa, informa à sociedade que há recursos públicos empregados na consecução de alguma atividade ou evento de relevante interesse público e social, ou seja, transmite aos cidadãos que o Estado preocupou-se em viabilizar a realização da iniciativa. Como visto, quando o patrocinador público está inserto em um mercado concorrencial, essa comunicação tem como fundamento atuar no processo decisório de compra de seus clientes efetivos ou potenciais, aumentando a consciência destes em relação a produtos e serviços, consolidando ou melhorando a imagem do patrocinador ou de seus produtos ou serviços, incrementando as oportunidades de negócios, entre outros.[152] Esses objetivos podem ser perseguidos não apenas por meio do patrocínio comercial, mas também por meio da ação de patrocínio ativo que, a um só tempo, agrega elementos de fomento social e de publicidade comercial, conquistando, de maneira indireta, vantagens competitivas por meio de um comportamento socialmente considerado correto e desejável. A utilidade do patrocínio, nesse caso, não desperta muitas dúvidas, pois a atuação da empresa estatal em regime concorrencial aproxima-se da atuação de qualquer agente privado que tem o lucro como sua principal finalidade.

Mas não é devido à ausência de atividade lucrativa ou concorrencial que todo o restante da Administração Pública estaria infenso à utilização do patrocínio como instrumento legítimo a fim de concretizar o interesse público. Já se viu que uma das finalidades do patrocínio ativo estatal pode ser o fomento de iniciativas sociais de interesse geral, nas hipóteses e nos limites impostos pelo texto constitucional. Mas essa análise, embora importante, foca apenas a relação "Estado patrocinador – particular patrocinado", ignorando outro importante liame constituído em decorrência do patrocínio ativo estatal: a relação "Estado patrocinador – sociedade".

O Direito Administrativo hodierno é caracterizado pela contínua horizontalização entre Estado e sociedade. Assim, o viés autoritário e impositivo que historicamente caracterizou a relação entre a Administração Pública e os administrados é guinado para uma relação de recíproca coordenação, marcada pela participação social efetiva, pela transparência governamental e pela proximidade

---

[152] CROMPTON, John L. The potential contributions of sports sponsorship in impacting the product adoption process. *Managing leisure*, v. 1, 1995-1996, pp. 199-212.

entre Estado e sociedade.[153] A Administração deve buscar, nesse novo paradigma, "mudar suas relações com a sociedade através de técnicas de incitação, procurando o convencimento, a persuasão, a sedução, esforçando-se, enfim, para obter a adesão dos cidadãos às políticas governamentais".[154]

E essa persuasão, essa sedução e essa adesão dependem não apenas de um desempenho satisfatório real da Administração, mas estão relacionadas, também, à construção positiva da própria imagem que a sociedade tem da estrutura e dos serviços públicos. Como bem colocado por Pierre Zémor, os serviços oferecidos ao público – aqui incluídas as ações da Administração em prol da promoção do interesse público – aspiram à notoriedade e à boa qualidade de sua imagem.[155] Se a população tem para si uma imagem positiva da Administração Pública, aumentam sua confiança e sua satisfação e, consequentemente, o apoio popular às suas políticas e iniciativas.[156]

Nesse contexto, a legitimidade da atuação da Administração Pública decorre da interação entre a transparência das ações governamentais e o consentimento dos governados, de forma que o conceito de "opinião pública" passa a constituir importante elemento da legitimidade democrática. Na precisa lição de Norberto Bobbio:

> Entende-se que a maior ou menor relevância da opinião pública entendida como opinião relativa aos atos públicos, isto é, aos atos próprios do poder público, que é por excelência o poder exercido pelos supremos órgãos decisórios do estado, da "res publica", depende da maior ou menor oferta ao público, entendida esta exatamente como visibilidade, cognocibilidade, acessibilidade e, portanto, controlabilidade dos atos de quem detém o supremo poder.[157]

---

[153] MEDAUAR, Odete. *O direito administrativo em evolução*. 3. ed. Brasília: Gazeta Jurídica, 2017. pp. 294-298. Na mesma obra (pp. 345-347), a Professora aponta essas características como ínsitas ao *princípio da boa administração*.

[154] PEREZ, Marcos Augusto. *A administração pública democrática*: institutos de participação popular na administração pública. Belo Horizonte: Fórum. 2004. pp. 51-53.

[155] ZÉMOR, Pierre. As formas de comunicação pública. In: DUARTE, Jorge. (Org.). *Comunicação pública*: Estado, mercado, sociedade e interesse público. 3. ed. São Paulo: Atlas, 2012. p. 225.

[156] KOTLER, Philip; LEE, Nancy. *Marketing no setor público*. Porto Alegre: Bookman, 2008. p. 19.

[157] BOBBIO, Norberto. *O futuro da democracia*: uma defesa das regras do jogo. 6. ed. Rio de Janeiro: Paz e Terra, 1986. pp. 89-90.

Em linha com Bobbio, e em análise mais direta sobre a relação entre transparência e legitimidade, Annamaria Bonomo postula o seguinte:

> Se os governantes têm o dever de agir de acordo com as posições daqueles que representam, então a publicidade de seus comportamentos se torna um dos elementos que estabelecem e legitimam o exercício concreto do poder, de modo que um incidente de atividade de controle e de estímulo será plausível somente se for permitido aos indivíduos e à comunidade terem a disponibilidade da informação.
>
> [...]
>
> À luz dessas considerações, a visibilidade das ações administrativas assume hoje um papel central na dinâmica da relação entre a Administração e os cidadãos, seja em termos de participação dos destinatários da informação, seja em termos de instrumento indireto de legitimação da atividade administrativa.[158]

A legitimidade, como bem aponta Marcos Augusto Perez, é fundamental para o êxito da atuação administrativa, pois ela aproxima e reforça o vínculo entre a Administração Pública e a sociedade. Ademais, a adesão da sociedade às iniciativas da Administração constitui elemento fundamental não apenas à legitimidade, mas à própria eficiência da atuação administrativa. De acordo com o Professor do Largo de São Francisco, legitimidade e eficiência são finalidades que se alimentam reciprocamente, uma vez que mais legitimidade importa em maior eficiência da atuação da Administração Pública, e mais eficiência importa em maior legitimidade.[159]

Nesse quadro, uma vez estabelecido que a atividade patrocinadora da Administração deverá sempre observar os limites

---

[158] Tradução livre do seguinte excerto: "*Se i governanti hanno il dovere di agire nel rispetto delle posizioni di coloro che rappresentano, allora la pubblicità dei loro comportamenti diventa uno degli elementi che fondano e legittimano l'esercizio concreto del potere, in quanto un'incidente attività di controllo e di stimolo risulta plausibile solo se sia permesso ai singoli e alla collettività di avere la disponibilità delle informazioni. [...] Alla luce delle suesposte considerazioni emerge come la visibilità dell'azione amministrativa abbia assunto oggi un ruolo centrale nella dinamica dei rapporti tra amministrazione e cittadini in termini sia di partecipazione dei destinatari dell'informazione, sia di strumento indiretto di legittimazione dell'attività amministrativa.*" Cf. BONOMO, Annamaria. *Informazione e puccliche amministrazioni: dall'acesso ai documenti alla disponibilità dele informazioni.* Bari: Cacucci, 2012. pp. 32; 69-80.

[159] PEREZ, Marcos Augusto. A participação da sociedade na formulação, decisão e execução das políticas públicas. In: BUCCI, Maria Paula Dallari. (Org.). *Políticas públicas:* reflexões sobre o conceito jurídico. São Paulo: Saraiva, 2006. pp. 167-168.

da intervenção do Estado nos domínios econômico e social, o patrocínio de iniciativas privadas imbuídas de interesse público legitimo tem um duplo efeito: por um lado, fomenta uma atividade ou evento potencialmente promotor do bem-estar social, que, na ausência do suporte público, poderia sequer ser concretizado; por outro, aproxima Estado e sociedade, levando ao conhecimento desta a contribuição ativa – quiçá decisiva – da Administração para a consecução daquele evento ou atividade de caráter socialmente relevante e de interesse público.

A Administração Pública, quando assim atua, busca um duplo efeito sobre a sociedade, um sobre a sua emoção, outro sobre sua razão. O patrocínio de eventos singulares na vida de uma comunidade – como um evento em comemoração do aniversário centenário da comunidade ou a organização de um evento esportivo de projeção nacional ou internacional –, em regra, vai ao encontro dos anseios racionais e emocionais da população, já que, de um lado, oferece-lhe lazer e bem-estar e, de outro, reafirma a cultura e o orgulho de seus cidadãos. "As regras do reclame ou da publicidade de efeito durável são, sobretudo na comunicação pública, de assegurar um vínculo autêntico entre o discurso, que se endereça à razão, e a imagem, que se dirige ao inconsciente ou busca o desejo do receptor".[160]

Mostra-se relevante, portanto, perscrutar se a atuação patrocinadora da Administração tem, de fato, esse efeito legitimador.

São sobremaneira escassas as avaliações empíricas quanto à aceitabilidade, pela população, da atuação patrocinadora da Administração Pública. Em um desses raros estudos, avaliou-se a percepção pública relativamente ao patrocínio concedido pelo *Département Moselle* – uma das subdivisões administrativas do território da França – ao torneio de tênis profissional intitulado *The Moselle Open*. A coleta e a análise da opinião de 425 espectadores do evento conduziram às seguintes conclusões: (i) é bem aceita a postura patrocinadora da Administração Pública; (ii) o patrocínio é visto como benéfico para a imagem da região, pois aumenta

---

[160] ZÉMOR, Pierre. As formas de comunicação pública. In: DUARTE, Jorge. (Org.). *Comunicação pública:* Estado, mercado, sociedade e interesse público. 3. ed. São Paulo: Atlas, 2012. pp. 225-227.

seu potencial de atratividade; (iii) por isso, o patrocínio não é considerado desperdício de recursos públicos; (iv) logo, é legítima a atuação do poder público como patrocinador. A despeito das limitações da análise, o estudo revelou que o patrocínio ativo estatal tem potencial para influir na percepção da população acerca da atuação da Administração Pública.[161]

Conclusão semelhante foi exposta em estudo que entrevistou 300 espectadores da final da Copa da Liga Francesa de Handebol, evento que contou com o patrocínio do Conselho Municipal de Nantes.[162]

Especificamente no que tange ao patrocínio de eventos culturais e artísticos por empresas estatais e ministérios, por exemplo, outro estudo, realizado com 192 consumidores no Canadá, demonstrou que este tipo de patrocínio é bem avaliado, e até mesmo desejado, e que a percepção do patrocínio será mais positiva se houver relação entre o objeto patrocinado e a finalidade institucional do patrocinador.[163] Assim, desde que o órgão ou entidade da Administração atenda às suas finalidades estatutárias e constitucionais e desde que observados os limites impostos pelo ordenamento, o patrocínio carreia potenciais efeitos positivos, nem tanto sob o aspecto econômico, mas sob o juízo moral da sociedade.[164] E é nesse contexto que se dá a legitimação pela opinião pública, cujo traço característico é o apelo racional e persuasivo.[165]

---

[161] O próprio estudo reconhece algumas de suas limitações, tais como: foco em um único evento, de uma única área; foco em um torneio profissional; pesquisa feita apenas com espectadores do evento, desconsiderando os demais residentes de Moselle que não têm interesse no evento ou que a ele não compareceram. *Cf.* WALLISER, Björn; KACHA, Mathieu; DESCOTES, Raluca Mogos. Legitimizing public authorities as sponsors: an inquiry into the factors related to the perception and memorization of their sponsorship. *International review on public and nonprofit marketing*, v. 2, n. 1, pp. 51-58, jun./2005.

[162] CAEMMERER, Barbara; DESCOTES, Raluca Mogos. The effectiveness of sponsorship in legitimacy formation: the moderating role of pre-existing satisfaction. *Advances in consumer research*, Duluth, v. 39, 2011. pp. 618-619.

[163] COLBERT, François; D'ASTOUS, Alain; PARMENTIER, Marie-Agnés. La commandite des arts et de la culture par le secteur privé par opposition au secteur public: qu'en pensent les consommateurs?. *Gestion*, v. 30, n. 2, verão de 2005, pp. 10-15.

[164] MUSSO, Alberto. La sponsorizzazione come contratto commerciale. *Rivista di arti e diritto on line*, Bolonha, n. 2, abr./jul. 2013. Disponível em: <http://www.aedon.mulino.it/archivio/2013/2/musso.htm>. Acessoem: 17 jun. 2017.

[165] Ana Lucia Romero Novelli traça interessante análise sobre a comunicação e a opinião pública, bem como sua relação com a legitimação. *Cf.* NOVELLI, Ana Lucia Romero. Comunicação e opinião pública. In: DUARTE, Jorge. (Org.). *Comunicação pública: Estado, mercado, sociedade e interesse público*. 3. ed. São Paulo: Atlas, 2012. pp. 72-83.

Não se ignora que as conclusões veiculadas nos estudos supracitados foram afetadas pelo ambiente político, social, econômico e institucional dos países em que foram realizadas as pesquisas, pelo que não se pode intentar aplicá-las, de maneira acrítica e automática, à realidade brasileira. Contudo, os resultados oferecem importante indício de que a atuação patrocinadora da Administração Pública é considerada legítima pela sociedade.

Reforçando o potencial efeito legitimador do patrocínio ativo, deve-se ressaltar que a utilização do patrocínio estatal não está relacionada apenas à divulgação, pelo Estado, de seu apoio a iniciativas de interesse público que promovam o bem-estar social. A Administração, ao decidir patrocinar e associar sua imagem a determinada iniciativa privada, sujeita-se à avaliação e à crítica dos administrados – ou seja, à opinião pública –, porquanto a percepção destes quanto ao atendimento do interesse público pela via do patrocínio pode não convergir com as convicções que motivaram a decisão administrativa.

E a exposição a que se sujeita a Administração, no caso do patrocínio ativo, é ainda mais ampla do que aquela inerente a outras formas de fomento. Isso porque, em regra, a publicidade do apoio estatal a determinada iniciativa privada é assegurada mediante a publicação de dados, contratos, normas e demais instrumentos em sítios eletrônicos oficiais. No caso do patrocínio, além de deverem ser satisfeitas essas obrigações,[166] o patrocinado deve associar a imagem do órgão ou da entidade à do objeto patrocinado. E, como é de interesse do patrocinado projetar sua própria imagem – ou a imagem da atividade ou do evento objeto do patrocínio –, ao fazê-lo, estará projetando, de maneira indissociável, a imagem do patrocinador público, levando ao conhecimento da sociedade que a Administração, de alguma maneira, deu suporte àquela iniciativa por meio do aporte de patrimônio público.

---

[166] Lei nº 8.666/1993: "Art. 61. Todo contrato deve mencionar os nomes das partes e os de seus representantes, a finalidade, o ato que autorizou a sua lavratura, o número do processo da licitação, da dispensa ou da inexigibilidade, a sujeição dos contratantes às normas desta Lei e às cláusulas contratuais. Parágrafo único. A publicação resumida do instrumento de contrato ou de seus aditamentos na imprensa oficial, *que é condição indispensável para sua eficácia*, será providenciada pela Administração até o quinto dia útil do mês seguinte ao de sua assinatura, para ocorrer no prazo de vinte dias daquela data, qualquer que seja o seu valor, ainda que sem ônus, ressalvado o disposto no art. 26 desta Lei". [grifo adicionado]

O patrocínio estatal, assim, sujeita a Administração a uma *transparência proativa*, ou seja, um grau de transparência superior, por exemplo, àquele inerente às subvenções, aos incentivos fiscais, ou a qualquer outro contrato não relacionado à atividade patrocinadora. Enquanto, nestes últimos casos, o cidadão deverá ter uma postura ativa, no sentido de investigar se determinada iniciativa privada de caráter social ou econômico é beneficiada por algum incentivo estatal, no patrocínio, essa informação é levada à sociedade independentemente de sua vontade ou questionamento, por meio da publicidade direcionada realizada pelo patrocinado.

E aqui, cabe uma rápida observação. Relativamente aos exemplos descritos no parágrafo anterior, no primeiro caso – subvenções e incentivos fiscais –, tem-se um exemplo da transparência ativa; no segundo, tem-se mais que isso: um exemplo de *transparência proativa*. Embora seja comum usarem-se como sinônimos as expressões "transparência ativa" e "transparência proativa",[167] não parece assistir razão a tal equiparação.

Há sensível diferença entre meramente disponibilizar, de forma ampla, uma grande massa de dados – o que ainda demandaria uma postura investigativa e interessada dos cidadãos –, e, de outro lado, adotar mecanismos ativos que façam chegar ao cidadão uma informação de fácil compreensão que evidencie a atuação administrativa. Nesse sentido, já tive a oportunidade de afirmar, em pesquisa anterior, que

[...] simplesmente deixar à disposição da sociedade uma grande quantidade de informação – que para muitos pouco diz – não é suficiente. O governo deve ir ao cidadão para se justificar; deve procurá-lo, por meio de cartilhas, informativos dirigidos e instrumentos similares que, de fato, "digam algo" àquele cidadão sobre como os recursos públicos estão sendo empregados em prol do bem comum (pois este deve ser o fim precípuo de qualquer gestor público).[168]

---

[167] Segundo o sítio temático da Lei de Acesso à Informação, a transparência ativa é "a divulgação de dados por iniciativa do próprio setor público, ou seja, quando são tornadas públicas informações, independente de requerimento, utilizando principalmente a Internet". Segundo o mesmo sítio, a "divulgação proativa de informações de interesse público, além de facilitar o acesso das pessoas e de reduzir o custo com a prestação de informações, evita o acúmulo de pedidos de acesso sobre temas semelhantes". Disponível em: <http://www.acessoainformacao.gov.br/perguntas-frequentes/aspectos-gerais-da-lei>. Acesso em: 16 jun. 2017.

[168] ALVES, Diego Prandino. Acesso à informação pública no Brasil: um estudo sobre a convergência e a harmonia existentes entre os principais instrumentos de transparência e de controle social.

No patrocínio, a mensagem publicitária – ou seja, a exposição da marca do patrocinador – é pontual e imediata, de simples apreensão. Por isso, a fim de se evitar o desvirtuamento da utilização do patrocínio para fins outros que não a consecução de uma finalidade social de interesse público, é desejável que o controle, salvo em casos extremados,[169] não incida sobre o conteúdo em si da mensagem veiculada, mas sobre o processo de formação da decisão administrativa que culminou na concessão do patrocínio, assim como sobre a execução do contrato.

Diante disso, a partir do delineamento de um regime jurídico incidente sobre os contratos de patrocínio ativo firmados pela Administração Pública, buscar-se-á, no capítulo a seguir, estabelecer premissas e parâmetros úteis ao controle desses contratos, de forma a melhor balizar a atuação tanto da Administração quanto dos órgãos de controle.

In: BRASIL. Controladoria Geral da União (Org.). *Prevenção e combate à corrupção no Brasil: 6º concurso de monografias da CGU: trabalhos premiados*. Brasília: ESAF, 2011, v.1, p. 271.

[169] Como quando, por exemplo, a marca do patrocinador estiver excessivamente ligada a uma personalidade ou equipe política. *Cf.* ZÉMOR, Pierre. As formas de comunicação pública. In: DUARTE, Jorge. (Org.). *Comunicação pública: Estado, mercado, sociedade e interesse público*. 3. ed. São Paulo: Atlas, 2012. pp. 237-239.

CAPÍTULO 4

REGIME JURÍDICO DO PATROCÍNIO ATIVO DA ADMINISTRAÇÃO PÚBLICA

Já se pontuou, no capítulo de Introdução, que a definição do regime jurídico de um instituto é labor de importância ímpar, pois é a partir dessa definição que se descortinam suas características intrínsecas e os fundamentos normativos e principiológicos que lhe são inerentes. E esse exercício não tem sua relevância adstrita ao círculo acadêmico ou doutrinário, uma vez que também informa e baliza as inúmeras relações jurídicas concretas constituídas. Assim, no âmbito da Administração Pública, a definição do regime jurídico, além de pautar as relações jurídicas, em linhas gerais: *a priori*, estabelece padrões que orientam o planejamento e a atuação administrativa; no curso da atividade, permite a identificação e a correção de desvios; *a posteriori*, fornece subsídios para aferição dos resultados obtidos e orienta e limita a atuação do controle.

O delineamento do regime jurídico de um dado instituto, portanto, é de fundamental importância para segurança jurídica, princípio caríssimo ao Estado de Direito, mormente quando o tema em enfoque é o controle da atividade administrativa.

Em sua obra *Controle da Administração Pública*, Odete Medauar coteja inúmeras acepções e caracterizações doutrinárias para o termo "controle". Embora haja divergências pontuais entre os estudiosos, é unânime a percepção de que controlar envolve a comparação entre o objeto controlado e um determinado padrão.[170] Nesse sentido,

---

[170] MEDAUAR, Odete. *Controle da administração pública*. 3. ed. São Paulo: Revista dos Tribunais, 2014. pp. 25-33.

Jerry L. Mashaw postula que, em uma relação de *accountability*, devem ser respondidas seis perguntas: (i) **quem** é responsável; (ii) **a quem** se deve prestar contas; (iii) **sobre o que** se deve prestar contas; (iv) por meio de **quais processos** a *accountability* deve ser assegurada; (v) segundo **quais padrões** o comportamento de quem presta contas será julgado; e (vi) quais as potenciais **consequências** da descoberta da violação desses padrões.[171]

Para fins da exposição que se fará, dentre esses seis elementos de controle, importa destacar os *padrões de referência* segundo os quais o controle será realizado, mais especificamente, os padrões de referência aptos a orientar a atividade patrocinadora da Administração Pública, assim como o seu controle.

Assim, evitam-se situações como aquelas descritas na Seção 3.1.2 desta obra, em que o Tribunal de Contas da União, mesmo reconhecendo a coexistência, no âmbito da Corte, de decisões conflitantes em matérias relativas ao patrocínio ativo estatal, optou por fixar os parâmetros de controle *a posteriori*, segundo o caso concreto, furtando-se de consolidar sua jurisprudência em um ou em outro sentido.[172] Pela pertinência à presente exposição, transcreve-se, novamente, breve excerto do Voto do Ministro Relator do Acórdão nº 2.445/2016-Plenário:

> 22. Dessa forma, ao menos enquanto não houver consolidação numa ou noutra direção, entendo adequado que cada decisão se atenha às circunstâncias que pautam aquele caso concreto, adotando uma postura

---

[171] Tradução livre do seguinte excerto: "[...] who *is liable or accountable* to whom; what *they are liable to be called to account for*; through what processes *accountability is to be assured*; by what standards *the putatively accountable behavior is to be judged*; and, *what the potential effects are of finding that those standards have been breached. These basic features*, who, to whom, about what, through what processes, by what standards, *and* with what effect, *describe what I will call an accountability regime*". MASHAW, Jerry L. Accountability and institutional design: some thoughts on the grammar of governance. In: DOWDLE, Michael W. *Public accountability:* design, dilemmas and experiences. Nova Iorque: Cambridge University Press. 2006, p. 118. No mesmo sentido, Odete Medauar, ao analisar os elementos de controle propostos por Gérard Bergeron (*Fonctionnement de l'État*. 2. ed. Paris: Armand Colin, 1965. p. 52), enumera: (i) termo concreto sobre o qual incidirá o controle (o quê); (ii) um padrão que servirá de ponto de comparação; (iii) comparação entre esses dois primeiros termos (o processo de controle); (iv) razão de ser, a finalidade do controle (efeitos do controle); (v) o agente controlado (quem presta contas); e (vi) o agente do controle (para quem se presta contas). MEDAUAR, Odete. *Controle da administração pública*. 3. ed. São Paulo: Revista dos Tribunais, 2014. p. 29.

[172] *Vide* os Acórdãos nºs 2.914/2015 e 2.445/2016, ambos do Plenário do TCU.

de maior cautela, desprovida da pretensão de extrapolar conclusões a contextos ainda não analisados com maior profundidade.

Essa postura do órgão de controle externo é fruto, justamente, da carência de uma disciplina jurídica clara e consolidada sobre o tema. Sem adentrar no mérito da adequação ou não da solução adotada pelo TCU, deve-se reconhecer como louvável uma atuação cautelosa e criteriosa do órgão de controle. Contudo, o estabelecimento de critérios caso a caso pode conduzir a casuísmos e a decisões conflitantes para questões semelhantes, situações ambas avessas à segurança jurídica.

Nesse contexto, adiante, não se tem a pretensão, por óbvio, de esgotar a matéria. A proposta é, a partir de controvérsias doutrinárias, jurisprudenciais e normativas, delinear algumas das principais características ínsitas ao contrato de patrocínio quando um órgão ou uma entidade da Administração Pública figura como patrocinador, sem prejuízo das demais peculiaridades desse instrumento já esposadas ao longo do trabalho.

Dessa forma, oferece-se uma contribuição para a delimitação de um possível regime jurídico adequado, aplicável a esses contratos. Não se trata de concluir, de forma estanque e simplista, que a esses contratos se aplica o regime jurídico de direito público ou de direito privado, mas, antes, de investigar os elementos de um regime que melhor permita a consecução do interesse público, à luz dos ditames constitucionais e legais que pautam a atividade do Estado.

4.1 Sujeição às normas gerais de licitação

Aspecto relevante que deve ser esmiuçado é a eventual sujeição do contrato de patrocínio à prévia realização de licitação, à luz do comando do inciso XXI do art. 37 da Constituição da República, *in verbis*:

> Art. 37. A administração pública direta e indireta de qualquer dos Poderes da União, dos Estados, do Distrito Federal e dos Municípios obedecerá aos princípios de legalidade, impessoalidade, moralidade, publicidade e eficiência e, também, ao seguinte:

[...]
XXI – *ressalvados os casos especificados na legislação, as obras, serviços, compras e alienações serão contratados mediante processo de licitação pública que assegure igualdade de condições a todos os concorrentes,* com cláusulas que estabeleçam obrigações de pagamento, mantidas as condições efetivas da proposta, nos termos da lei, o qual somente permitirá as exigências de qualificação técnica e econômica indispensáveis à garantia do cumprimento das obrigações. [grifo adicionado]

Regulamentando o comando constitucional supra, atualmente vige a Lei nº 8.666/1993, que, no *caput* de seu art. 2º, preconiza que as "obras, serviços, inclusive de publicidade, compras, alienações, concessões, permissões e locações da Administração Pública, quando contratadas com terceiros, serão necessariamente precedidas de licitação, ressalvadas as hipóteses previstas nesta Lei".

Mais adiante, em seu art. 6º, inciso II, a Lei nº 8.666/1993 explica o que deve ser considerado serviço para fins de interpretação de seus dispositivos:

II – Serviço – toda atividade destinada a obter determinada utilidade de interesse para a Administração, tais como: demolição, conserto, instalação, montagem, operação, conservação, reparação, adaptação, manutenção, transporte, locação de bens, publicidade, seguro ou trabalhos técnico-profissionais.

Trata-se de redação pouco elucidativa, seguida de rol claramente exemplificativo. O legislador, em vez de adotar definição jurídica precisa, optou por uma explanação ampla, seguida de exemplificação, o que, em alguns casos, conduz a problemas hermenêuticos que tornam confusa a diferenciação entre obra[173] e serviços, por exemplo, já que toda obra poderia ser considerada uma atividade destinada a obter determinada utilidade de interesse da Administração.[174]

No patrocínio, o patrocinador visa a obter determinada utilidade com o contrato, qual seja, a contraprestação em publicidade.

---

[173] Lei nº 8.666/1993: Art. 6º Para os fins desta Lei, considera-se: I – Obra – toda construção, reforma, fabricação, recuperação ou ampliação, realizada por execução direta ou indireta.

[174] Críticas adicionais à definição de obra e serviço na Lei podem ser apreciadas em JUSTEN FILHO, Marçal. *Comentários à lei de licitações e contratos administrativos*: lei 8.666/1993. 16. ed. São Paulo: Revista dos Tribunais, 2014. pp. 148-152.

Mas não apenas isso. Essa publicidade deve evidenciar um íntimo relacionamento entre a imagem do patrocinador e a do objeto do patrocínio. Conforme já exposto na Seção 1.1, não basta que o patrocinado realize a simples divulgação da imagem ou de um produto ou serviço do patrocinador, em uma publicidade isolada e desprovida de propósito ou significado – o que, para fins da Lei nº 8.666/1993, se amoldaria ao conceito de *atividade* do seu art. 6º, inciso II, mais especificamente ao conceito de *serviço de publicidade*. Se patrocinado ou patrocinador disseminarem suas imagens isoladamente, sem explicitar uma conexão entre elas, faltará elemento essencial à caracterização da relação de patrocínio, pois, como visto, é ínsito ao patrocínio a vinculação entre a imagem do patrocinador e a do patrocinado, ou entre aquela e a imagem de um evento. A contraprestação do patrocinado, portanto, vai além da simples veiculação publicitária.

Nesse sentido, concluir que o contrato de patrocínio se enquadra na definição de *serviço* prevista no art. 6º, inciso II, da Lei nº 8.666/1993, significaria igualar o patrocínio à mera prestação de serviço de publicidade – serviço esse que, não por acaso, é expressamente referido não só pelo dispositivo ora analisado, mas também pelo *caput* do art. 2º da Lei.

Contudo, objetivando sujeitar o contrato de patrocínio à prévia licitação, poder-se-ia argumentar que a enumeração dos objetos passíveis de contratação (obras, serviços, compras, alienações, etc.) é meramente enunciativa, de modo que a obrigatoriedade de licitar é ampla, não decorrendo da natureza da prestação do objeto do contrato.[175]

Quanto a esse argumento, deve-se tecer esclarecimento importante. Quando se abordou a diferenciação civilista entre o patrocínio e a prestação de serviços (*vide* Seção 2.2.3), destacou-se que, no caso da prestação de serviços, o contratado desempenha a atividade de maneira profissional. Coerentemente, a Lei nº 8.666/1993 veicula esse mesmo entendimento. É o que se depreende da interpretação sistemática dos seguintes dispositivos da Lei: art. 2º,

---

[175] JUSTEN FILHO, Marçal. *Comentários à lei de licitações e contratos administrativos*: Lei 8.666/1993. 16. ed. São Paulo: Revista dos Tribunais, 2014. pp. 59-60.

caput; art. 6º, inciso II; art. 27, inciso II; e art. 30, incisos I e II e §1º, além de demais parágrafos aplicáveis à prestação de serviços. Explica-se melhor. Nos termos do art. 27, inciso II, da Lei, exige-se, para fins de habilitação nas licitações, a apresentação de documentação relativa à qualificação técnica. Essa comprovação, na dicção do art. 30, inciso II, da norma, visa a demonstrar a aptidão do licitante para o desempenho da atividade em características, quantidades e prazos com o objeto da licitação, a indicação das instalações, do aparelhamento e do pessoal técnico adequados e disponíveis para a realização do objeto da licitação, bem como da qualificação de cada um dos membros da equipe técnica que se responsabilizará pelos trabalhos. Trata-se da comprovação da *capacitação técnico-operacional*. Segundo, ainda, o §1º do art. 30, essa comprovação será feita por atestados fornecidos por pessoas jurídicas de direito público ou privado, devidamente registrados nas entidades profissionais competentes, sendo cabível, também, a comprovação da capacitação *técnico-profissional*.[176]

A interpretação conjunta desses dispositivos, a toda evidência, conduz à conclusão de que a Lei, ao se referir a *serviços* no art. 2º, *caput* e no art. 6º, inciso II, o fez em relação às atividades desenvolvidas de modo *profissional* e destinadas a obter determinada utilidade de interesse para a Administração. Seria teratológico cogitar um procedimento licitatório para a concessão de patrocínio em que o licitante, para se habilitar, devesse comprovar já ter recebido patrocínio anteriormente e executado contrapartidas em condições (características, quantidades e prazos) semelhantes.[177] Em uma

---

[176] Nos termos do inciso I do §1º do art. 30 da Lei nº 8.666/1993, a capacitação técnico-profissional relaciona-se à "comprovação do licitante de possuir em seu quadro permanente, na data prevista para entrega da proposta, profissional de nível superior ou outro devidamente reconhecido pela entidade competente, detentor de atestado de responsabilidade técnica por execução de obra ou serviço de características semelhantes, limitadas estas exclusivamente às parcelas de maior relevância e valor significativo do objeto da licitação".

[177] Isso não exclui o dever de o patrocinador exigir, por parte do patrocinado, a comprovação da regularidade da execução de patrocínios eventualmente já recebidos. O §3º do art. 25 da IN nº 9/2014 apresenta esse sentido: "O patrocinador deverá exigir do patrocinado, antes da assinatura do contrato, declaração formal de que está adimplente com exigências contratuais de eventual patrocínio anterior celebrado com órgão ou entidade da administração pública federal".

situação como essa, estaria legitimada a disseminação de *patrocinados profissionais*, e o instrumento do patrocínio estaria completamente desvirtuado e esvaziado, qualquer que fosse a sua finalidade. Assim, a conclusão é de que os contratos de patrocínio não se sujeitam às disposições da Lei nº 8.666/1993 relativas à necessidade de prévia realização de procedimento licitatório. Nesse sentido, transcreve-se ementa de acórdão proferido pelo Supremo Tribunal Federal no Recurso Extraordinário (RE) nº 574.636/SP:

> EMENTA: RECURSOS EXTRAORDINÁRIOS. CONSTITUCIONAL E ADMINISTRATIVO. ALEGAÇÃO DE CONTRARIEDADE AOS ARTS. 5º, INC. II, 37, CAPUT, E INC. XXI, E 93, INC. IX, DA CONSTITUIÇÃO DA REPÚBLICA. REALIZAÇÃO DE EVENTO ESPORTIVO POR ENTIDADE PRIVADA COM MÚLTIPLO PATROCÍNIO: DESCARACTERIZAÇÃO DO PATROCÍNIO COMO CONTRATAÇÃO ADMINISTRATIVA SUJEITA À LICITAÇÃO. *A PARTICIPAÇÃO DE MUNICÍPIO COMO UM DOS PATROCINADORES DE EVENTO ESPORTIVO DE REPERCUSSÃO INTERNACIONAL NÃO CARACTERIZA A PRESENÇA DO ENTE PÚBLICO COMO CONTRATANTE DE AJUSTE ADMINISTRATIVO SUJEITO À PRÉVIA LITAÇÃO.* AUSÊNCIA DE DEVER DO PATROCINADOR PÚBLICO DE FAZER LICITAÇÃO PARA CONDICIONAR O EVENTO ESPORTIVO: OBJETO NÃO ESTATAL; *INOCORRÊNCIA DE PACTO ADMINISTRATIVO PARA PRESTAR SERVIÇOS OU ADQUIRIR BENS.* ACÓRDÃO RECORRIDO CONTRÁRIO À CONSTITUIÇÃO. RECURSOS EXTRAORDINÁRIOS INTERPOSTOS CONTRA ACÓRDÃO DO TRIBUNAL DE JUSTIÇA DO ESTADO DE SÃO PAULO PROVIDOS. RECURSO EXTRAORDINÁRIO CONTRA ACÓRDÃO DO SUPERIOR TRIBUNAL DE JUSTIÇA JULGADO PREJUDICADO POR PERDA DE OBJETO.[178] [grifos adicionados]

Igualmente, rechaça-se a aplicabilidade da Lei nº 12.232/2010 aos contratos de patrocínio ativo celebrados pela Administração Pública, uma vez que a referida Lei dispõe sobre as normas gerais para licitação e contratação pela administração pública de serviços de publicidade *prestados por intermédio de agências de propaganda*. A concessão de patrocínio por intermédio dessas agências poderia, na verdade, representar uma prestação de serviços de publicidade

---

[178] RE 574.636/SP, Relatora Ministra Cármen Lúcia, Primeira Turma, DJe-198, publicado em 14/10/2011.

disfarçada, inclusive com a apropriação de parte dos recursos pela agência intermediadora, desvirtuando a finalidade para a qual o patrocínio foi inicialmente destinado. Não por outro motivo, o art. 25, §4º, da IN nº 9/2014 veda "a contratação de patrocínio por intermédio de agência de publicidade e/ou agência de promoção".

Até aqui, avaliou-se a incidência ou não das disposições referentes à obrigatoriedade de prévia licitação para a formalização de contratos patrocínios pela Administração direta, autárquica e fundacional, demonstrando-se que as disposições legais sobre o assunto constantes das Leis nºs 8.666/1993 e 12.232/2010 não se lhes aplicam, estando tais órgãos e entidades, portanto, infensas ao dever de licitar patrocínios.

Abordagem distinta demanda o caso das empresas estatais. A recente Lei nº 13.303/2016, que dispõe sobre o estatuto jurídico da empresa pública, da sociedade de economia mista e de suas subsidiárias, no âmbito da União, dos estados, do Distrito Federal e dos municípios, estabeleceu regras gerais de licitações aplicáveis a essas entidades, inclusive no que tange aos contratos de patrocínio. Nesse sentido, assim dispõe a Lei nº 13.303/2016, nos dispositivos de interesse:

> Art. 27. [...]
> [...]
> §3º A empresa pública e a sociedade de economia mista poderão celebrar convênio ou contrato de patrocínio com pessoa física ou com pessoa jurídica para promoção de atividades culturais, sociais, esportivas, educacionais e de inovação tecnológica, desde que comprovadamente vinculadas ao fortalecimento de sua marca, observando-se, no que couber, as normas de licitação e contratos desta Lei.
> [...]
> Art. 30. A contratação direta será feita quando houver inviabilidade de competição, em especial na hipótese de: [...] [grifos adicionados]

O Decreto nº 8.945/2016, regulamentador da Lei nº 13.303/2016, por sua vez, dispõe:

> Art. 44.[...]
> [...]
> §3º A empresa estatal poderá celebrar instrumentos de convênio quando observados os seguintes parâmetros cumulativos:
> [...]
> §4º Além do disposto no §3º, a celebração de convênio ou contrato de patrocínio deverá observar os seguintes parâmetros cumulativos adicionais:

[...]

III – *a aplicação, no que couber, da legislação de licitações e contratos.* [grifos adicionados]

Quanto aos dispositivos relativos ao novo regime jurídico das estatais acima coligidos, e em linha com as conclusões da Seção 3.1.2, é de relevo, antes de qualquer exposição, criticar o uso alternativo das expressões "convênio de patrocínio" ou "contrato de patrocínio". A redação da Lei e do Decreto, no intuito de abarcar todos os instrumentos por meio dos quais os patrocínios são formalizados, acabou por contribuir para perpetuar a confusão já existente. Como já exposto, não há razão para que o contrato de patrocínio seja denominado convênio, uma vez que, embora tradicional, mostra-se obsoleta a segregação binária entre contratos e convênios; e também porque os contratos de patrocínio são claramente informados por prestação e contraprestação, harmonizando os interesses, essencialmente distintos, do patrocinador e do patrocinado.

Retomemos a análise no tema de interesse. A Lei nº 13.303/2016, em seu art. 27, §3º, consignou expressamente a possibilidade de que empresas estatais firmem contrato de patrocínio com terceiros, desde que observadas as normas referentes à licitação e à contratação dirigidas a essas entidades. Entre essas normas, há o art. 30 da Lei, que permite a contratação direta em caso de impossibilidade jurídica de competição – orientação semelhante àquela veiculada no art. 25 da Lei nº 8.666/1993 –, e o art. 40, que sujeita o procedimento licitatório ao regulamento interno próprio a ser elaborado pelas empresas públicas e sociedades de economia mista.

Nesse quadro, considerando que a natureza do contrato de patrocínio é, em regra, *intuitu personae*, ou seja, um só agente reúne as condições e as características necessárias ao atingimento da finalidade perseguida (*vide* Seção 2.2.2), a impossibilidade jurídica de competição, nesses casos, será inafastável, cabendo, portanto, a contratação direta. Mesmo no caso em que o patrocínio não se dê com fundamento nas características personalíssimas do patrocinado, mas com base nas especificidades próprias do evento por ele realizado, a competição ainda assim seria juridicamente impossível, incidindo a hipótese de contratação direta prevista no art. 30, *caput*, da Lei nº 13.303/2016.

A contratação direta, contudo, seja realizada por empresas estatais, seja por outras entidades da Administração direta ou indireta, não conduz a uma contratação informal, realizada ao arrepio dos ditames legais e constitucionais que regem a atuação administrativa. Nesse contexto, Marçal Justen Filho é preciso ao explicar que

> [...] existem hipóteses em que a licitação formal seria impossível ou frustraria a realização adequada das funções estatais. O procedimento licitatório normal conduziria ao sacrifício dos fins buscados pelo Estado e não asseguraria a contratação mais vantajosa. Por isso, autoriza-se a Administração a adotar um outro procedimento, em que formalidades são suprimidas ou substituídas por outras. [...] A contratação direta não significa que são inaplicáveis os princípios básicos que orientam a atuação administrativa. Nem se caracteriza uma livre atuação administrativa. O administrador está obrigado a seguir um procedimento administrativo determinado, destinado a assegurar (ainda nesses casos) a prevalência dos princípios jurídicos fundamentais. Permanece o dever de realizar a melhor contratação possível, dando tratamento igualitário a todos os possíveis contratantes.[179]

Por todo o exposto, mesmo quando evidenciada a impossibilidade jurídica de competição, a contratação direta não prescinde da justificação da escolha do contratado e do valor repassado a título de patrocínio, bem como da exposição da pertinência da contratação para o atendimento da finalidade de interesse público colimada pelo ordenamento.

Haverá casos, porém, em que a competição, em tese, será possível, ou seja, mais de um agente estará apto a atender à finalidade a que o patrocínio se propõe. São exemplos típicos aqueles em que o patrocínio é adotado como instrumento de fomento social. Nessas hipóteses, não será o caso de promover um típico e tradicional certame licitatório, pelas razões já expostas anteriormente, mas de conduzir um procedimento concorrencial, nos termos do regulamento interno de licitações e contratos da empresa estatal.[180]

---

[179] JUSTEN FILHO, Marçal. *Comentários à lei de licitações e contratos administrativos:* Lei 8.666/1993. 16. ed. São Paulo: Revista dos Tribunais, 2014. p. 390.

[180] Nos termos do art. 40 da Lei nº 13.303/2016: "Art. 40. As empresas públicas e as sociedades de economia mista deverão publicar e manter atualizado regulamento interno de licitações e contratos, compatível com o disposto nesta Lei, especialmente quanto a: I – glossário de expressões técnicas; II – cadastro de fornecedores; III – minutas-padrão de editais e

CAPÍTULO 4
REGIME JURÍDICO DO PATROCÍNIO ATIVO DA ADMINISTRAÇÃO PÚBLICA | 125

Esse procedimento deverá concretizar o princípio constitucional da igualdade,[181] de modo que, nas palavras supratranscritas de Marçal Justen Filho, se realize a melhor contratação possível, dando tratamento igualitário a todos os possíveis contratantes. Nessa linha, em âmbito federal, por exemplo, a Instrução Normativa nº 9/2014, da SECOM, em seu art. 5º, §1º, estabelece que a análise prévia das propostas de patrocínio deverá ser feita com base em critérios objetivos, *independentemente do processo de seleção adotado*. Ademais, de acordo com o art. 4º, *caput*, e inciso I, da IN, o patrocinador "deverá pautar sua atuação com base nos princípios da legalidade, impessoalidade, moralidade, igualdade, publicidade, probidade administrativa" obrigando-se à "afirmação dos valores e princípios da Constituição".

Assim, visando a garantir a observância dos princípios que pautam a atividade contratual do Estado – tais como impessoalidade, isonomia, igualdade, moralidade, probidade administrativa, competitividade, julgamento objetivo, entre outros –, a seleção de iniciativa a ser patrocinada deverá, salvo situações excepcionais em que a contratação direta se impõe, ser pautada por critérios de seleção objetivos, previamente definidos e amplamente divulgados, preferencialmente estipulados em lei aplicável a toda a Administração, nos termos do art. 22, inciso XXVII, da Constituição da República.[182]

Para as empresas estatais, a Lei nº 13.303/2016 já delineia ou baliza tal procedimento. Para as demais entidades da Administração Pública, a Lei nº 13.019/2014, embora não se aplique aos contratos de patrocínio aqui versados, fornece relevantes vetores que

---

contratos; IV – procedimentos de licitação e contratação direta; V – tramitação de recursos; VI – formalização de contratos; VII – gestão e fiscalização de contratos; VIII – aplicação de penalidades; IX – recebimento do objeto do contrato".

[181] VALIM, Rafael. *A subvenção no direito administrativo brasileiro*. São Paulo: Contracorrente, 2015. pp. 106-110. Embora o autor discorra sobre a aplicabilidade do princípio da igualdade ao regime jurídico das subvenções, suas anotações são plenamente transportáveis para o regime jurídico dos patrocínios, mormente quando utilizados como instrumento da função administrativa de fomento.

[182] Art. 22. Compete privativamente à União legislar sobre: [...] XXVII – normas gerais de licitação e contratação, em todas as modalidades, para as administrações públicas diretas, autárquicas e fundacionais da União, Estados, Distrito Federal e Municípios, obedecido o disposto no art. 37, XXI, e para as empresas públicas e sociedades de economia mista, nos termos do art. 173, §1º, III.

podem pautar a seleção do patrocinado, nos termos de seu art. 24 e seguintes: procedimentos claros, objetivos e simplificados que orientem os interessados e facilitem o acesso direto aos seus órgãos e instâncias decisórias; celebração de contrato precedida de chamamento público; publicação de edital com requisitos mínimos que pautem a apresentação e o julgamento das propostas; entre outros requisitos.

4.2 Sujeição às normas gerais de contratos administrativos

Viu-se, na seção anterior, que a Lei nº 8.666/1993 não tem aplicabilidade aos contratos de patrocínio ativo firmados pela Administração Pública direta, autárquica e fundacional, no que tange à exigência de prévia licitação à contratação. Da mesma maneira, não incidem sobre esses contratos as normas estabelecidas na Lei nº 12.232/2010. Em razão disso, para essas entidades, pode-se adotar como norte os parâmetros delineados na Lei nº 13.019/2014 para seleção de propostas. Quanto às empresas estatais, a Lei nº 13.303/2016 expressamente submete o contrato de patrocínio ao seu regramento licitatório, inclusive no que tange às hipóteses de contratação direta.

Diante disso, após a contratação, qual o regime pelo qual se deve pautar a relação jurídica de patrocínio?

Em relação às empresas públicas e sociedades de economia mista, a Lei nº 13.303/2016 consigna expressamente, em seu art. 27, §3º, que os contratos de patrocínio firmados por empresas estatais devem observância às normas contratuais nela estabelecidas. Isso inclui, por exemplo: a sujeição desses contratos ao direito privado (art. 68); a delimitação, no contrato, dos direitos e das responsabilidades das partes (art. 69, inciso VI); e a necessidade de haver acordo entre as partes para que seja promovida alteração das cláusulas contratuais (art. 72). Incidem, nesse caso, ainda, as normas da IN nº 9/2014, quando se tratar de empresas estatais federais. Não é despiciendo ressaltar que esse arcabouço deve ser aplicado e interpretado de forma consentânea com a Constituição da República.

Quanto à Administração direta, autárquica e fundacional, parece inafastável, ainda que parcialmente, a incidência da Lei nº 8.666/1993 nos contratos de patrocínio ativo, à luz dos seus arts. 2º, parágrafo único, e 62, §3º, inciso I:

> Art. 2º As obras, serviços, inclusive de publicidade, compras, alienações, concessões, permissões e locações da Administração Pública, quando contratadas com terceiros, serão necessariamente precedidas de licitação, ressalvadas as hipóteses previstas nesta Lei.
> Parágrafo único. *Para os fins desta Lei, considera-se contrato todo e qualquer ajuste entre órgãos ou entidades da Administração Pública e particulares, em que haja um acordo de vontades para a formação de vínculo e a estipulação de obrigações recíprocas, seja qual for a denominação utilizada.*
>
> Art. 62. [...]
> [...]
> §3º *Aplica-se o disposto nos arts. 55 e 58 a 61 desta Lei e demais normas gerais, no que couber:*
> I – aos contratos de seguro, de financiamento, de locação em que o Poder Público seja locatário, *e aos demais cujo conteúdo seja regido, predominantemente, por norma de direito privado;* [grifos adicionados]

Embora a definição ampla atribuída pela Lei ao termo "contrato" esteja ligada ao *caput* do art. 2º, sua aplicabilidade não está adstrita à determinação das hipóteses de obrigatoriedade de licitação, podendo ser utilizada para outros fins.[183] Assim, excetuadas as situações em que haja expressa exclusão total ou parcial de sua incidência – tal como constante do art. 62, §3º, supratranscrito, ao lado de outras disposições legais específicas[184] –, aplica-se amplamente a Lei nº 8.666/1993 para fins de regulação da atividade contratual da Administração.

Conforme se expôs nas Seções 2.1 e 2.2.3 desta obra, é mais reduzida a ingerência do patrocinador na forma de atuação do patrocinado no cumprimento de suas contrapartidas, em comparação a um contrato de prestação de serviços de publicidade. Ademais, não apenas a Administração se vale da associação de sua

---

[183] JUSTEN FILHO, Marçal. *Comentários à lei de licitações e contratos administrativos:* Lei 8.666/1993. 16. ed. São Paulo: Revista dos Tribunais, 2014. p. 55.

[184] É exemplo o art. 84 da Lei nº 13.019/2014: "Não se aplica às parcerias regidas por esta Lei o disposto na Lei no 8.666, de 21 de junho de 1993".

imagem à do patrocinado, mas o próprio patrocinado, em situação paritária, se beneficia dessa associação, uma vez que, ao mostrar à sociedade que o Estado, de alguma maneira, o apoia, potencialmente se confere maior idoneidade à iniciativa do particular (*vide* Seção 3.4.3). Por isso, isoladamente considerado, não parece ser o regime jurídico delineado pela Lei nº 8.666/1993, em que há desigualdade jurídica entre a Administração contratante e o particular contratado, o mais adequado à disciplina do contrato de patrocínio.

A IN nº 9/2014, que disciplina o patrocínio dos órgãos e entidades da administração pública federal, pouco trata sobre matéria contratual. Eis seus dispositivos mais relevantes sobre o assunto: art. 25, que dispõe que o contrato é o instrumento jurídico para a formalização do patrocínio; art. 30, que preconiza que o contrato deverá prever as sanções em caso de inexecução total ou parcial do objeto; e art. 35, que prevê que, para prestação de contas, o patrocinador exigirá do patrocinado, exclusivamente, a comprovação da realização da iniciativa patrocinada e das contrapartidas previstas no contrato.

Diante disso, o questionamento que surge é se as disposições da referida IN – norma aplicável a toda a Administração direta e indireta federal, incluídas as empresas estatais – é suficiente para assegurar que o contrato de patrocínio atinja seu objetivo, seja comercial, seja social. E, mais além, é pertinente questionar se o regime contratual de direito privado aplicável aos patrocínios concedidos por empresas estatais[185] é, também, adequado à regulação dos contratos de patrocínio firmados pelas demais entidades da Administração Pública sujeitas eminentemente ao regime jurídico de direito público.

Vitor Rhein Schirato, ao discorrer sobre a impropriedade da classificação binária da atividade contratual da Administração entre contratos administrativos (regidos predominantemente pelo direito público) e contratos da administração pública (regidos predominantemente pelo direito privado), tal como proposto por parte da doutrina, salienta que tal segregação não explica problemas práticos, em que há mescla de institutos de direito público e de direito

---

[185] *Cf.* Lei nº 13.303/2016, art. 68.

privado. Diante disso, o autor propõe "a constante permeabilidade entre direito público e direito privado", destacando que

[...] não há que se falar em aplicação uniforme de um regime jurídico a todos os contratos celebrados pela Administração Pública, procurando-se classificações sem critérios e etéreas para justificar exceções. É óbvio e evidente que os contratos celebrados pela Administração Pública terão regimes jurídicos distintos, devendo seguir o regime jurídico mais eficiente para cada caso. Isso, claro, demandará uma interpretação racional da Lei nº 8.666/93 para adequála à lógica do direito contratual e não à lógica binária de muitos doutrinadores de direito administrativo brasileiro.[186]

No mesmo sentido, Eduardo García de Enterría e Tomás-Ramón Fernándes postulam que um regime único aplicável a todos os contratos administrativos nunca existiu, nem pode existir, em função da diversidade de espécies contratuais de que se vale a administração Pública. Por isso, deve-se "admitir a existência de tantos regimes singulares como de contratos que a Administração celebra no âmbito de sua atividade ou tráfego específico". Haveria, assim, em cada contrato da Administração, uma mescla entre Direito Administrativo e direito privado, em uma composição específica definidora de seu regime jurídico.[187]

Corroborando os entendimentos citados anteriormente, Fernando Dias Menezes de Almeida, ao criticar a formulação da teoria pátria do contrato administrativo, que se desenvolveu sem compromisso com o conhecimento e a descrição da realidade observada, destaca que o regime jurídico de direito público autoexecutório, inerente à atuação administrativa, informa os contratos firmados pela Administração, conferindo a esses contratos variados graus de prerrogativas unilaterais. Contudo, o critério para a dosagem dessa incidência do direito público deve ser a *natureza do*

---

[186] Sobre a impossibilidade de se aplicar um regime jurídico único a todos os contratos firmados pela Administração, bem como a necessidade de que sejam delineados regimes eficientes, adequados a cada caso, *cf.* SCHIRATO, Vitor Rhein. Contratos administrativos e contratos da Administração Pública: pertinência da diferenciação?. *Revista de contratos públicos*, Belo Horizonte, ano 2, n. 2, p. 177-186, set. 2012/fev. 2013; MEDAUAR, Odete. *O direito administrativo em evolução.* 3. ed. Brasília: Gazeta Jurídica, 2017. pp. 266-272.

[187] GARCÍA DE ENTERRÍA, Eduardo; FERNÁNDES, Tomás-Ramón. *Curso de direito administrativo.* São Paulo: Revista dos Tribunais, 2014, vol. 1. pp. 697-698.

objeto contratual, e não a simples presença da Administração como contratante. Nesse sentido,

> [há] de se raciocinar finalisticamente com a função social do objeto contratual e, consequentemente, do próprio contrato, para que se justifique, em cada caso, a incidência de um regime com maior ou menor carga de prerrogativas autoexecutáveis de ação unilateral por parte da Administração.[188]

Pelos entendimentos coligidos, não parece pertinente a aplicação de um regramento uniforme a todos os contratos de patrocínio firmados pela Administração Pública. Não devido ao regime jurídico de direito público ou privado aplicável aos sujeitos administrativos contratantes, mas em razão das finalidades diversas que podem levar determinada entidade da Administração a patrocinar atividades privadas com recursos públicos, tal como abordado nas Seções 3.4.1 a 3.4.3 do presente trabalho.

Nesse sentido, o regime contratual adequado e apto a balizar a concessão de patrocínio por uma empresa pública federal atuante em regime concorrencial a um clube de futebol profissional de projeção internacional, por exemplo, certamente não será adequado para pautar um contrato de patrocínio firmado pela Secretaria de Cultura de um município visando a fomentar atividades socioculturais no âmbito de seu território.

Assim, para os contratos de patrocínio ativo celebrados pela Administração, os elementos do regime jurídico mais adequado deverão ser aqueles mais eficientes à consecução da finalidade específica a que se propõe o patrocínio, englobando, em cada caso, diferentes elementos ínsitos ao direito público (como a prestação de contas da efetiva aplicação dos recursos repassados) e ao direito privado (como a inviabilidade de a Administração determinar ou modificar, de forma unilateral, a forma de execução das contrapartidas).

Essa composição, como dito, deve ser eficiente e adequada à finalidade proposta. Nesse sentido, na hipótese de concessão de

---

[188] ALMEIDA, Fernando Dias Menezes de. *Contrato administrativo*. São Paulo: Quartier Latin, 2015. pp. 355-356.

determinado patrocínio alinhado às diretrizes e estratégias comerciais de uma empresa estatal atuante em regime concorrencial, será incabível reger o contrato por normas de direito público não usuais à lógica de mercado em medida tal que prejudique a atuação competitiva da entidade. A aplicabilidade de normas dessa natureza deve guardar proporcionalidade e consonância ao ordenamento jurídico, à finalidade da entidade e à finalidade do patrocínio.

O mesmo se pontua em relação ao fomento social instrumentalizado pelo patrocínio. O contrato, nesse caso, deve pautar-se por normas mais afeitas ao direito público, independentemente da natureza jurídica do patrocinador, sendo cabíveis, por exemplo, cláusulas que estabeleçam vinculação dos recursos ao objeto patrocinado e prestação de contas quanto à aplicação das verbas.

Nesse quadro, não há como definir um regime geral aplicável a todo e qualquer contrato de patrocínio. Mais adequado é estudar os diversos elementos que poderão ser combinados para delimitar um regime jurídico eficiente à aplicação e ao controle do instituto.

4.3 Vinculação ao interesse público

A consecução da finalidade de interesse público é inerente a toda a atividade administrativa. O interesse público, assim, a um só tempo, guia e baliza a atuação da Administração para determinado fim, orientando-a e limitando-a.

A noção de interesse público surge após a Revolução Francesa e, desde então, sofre constante mutação, ora representando um interesse homogêneo imponível ao interesse particular, ora confundindo-se com o próprio interesse do Estado. Nesse caso, qualquer assunto, desde que assumido pelo poder público, era intitulado de interesse público. Mesmo hoje, ainda é fluida a noção de interesse público, de modo que, muitas vezes, o conceito é equiparado a expressões como interesse coletivo, interesse social, interesse geral, interesse estatal, etc.

Uma concepção de interesse público mais adequada à atividade administrativa contemporânea é aquela que reconhece a existência de interesses plúrimos legítimos – interesses públicos, privados, de grupos, de acionistas majoritários, minoritários, etc., todos tuteláveis pelo ordenamento jurídico – que devem passar por um processo de composição, fazendo prevalecer, ao final, um interesse público no caso concreto considerado, representativo dessa conformação. Busca-se, assim, uma ponderação, uma conciliação, uma compatibilização dos diversos interesses envolvidos, pautada pela não sacrificabilidade, *a priori*, de nenhum interesse envolvido.[189] Daí advém o obsoletismo do tradicional princípio da supremacia do interesse público sobre o privado, tão criticado pela doutrina hodierna.[190]

O interesse público satisfeito por intermédio da atividade patrocinadora da Administração, portanto, deverá atender, simultaneamente, aos já mencionados vetores constitucionais que orientam a intervenção do Estado nos domínios social (*vide* Seção 3.4.2) e econômico (arts. 173 a 175 da Constituição, principalmente, e demais relacionados) e à conformação, *in concreto*, mediante ponderação e conciliação, dos diversos interesses legítimos potencialmente atendidos ou tolhidos pelo patrocínio, levando à construção *motivada* de um interesse público ótimo aplicável.

Essa conformação importa que o gestor, no exercício de ponderação dos diversos interesses tuteláveis, valendo-se de seu juízo discricionário motivado, adote a solução que convirja, de forma ótima, para o atendimento *in casu* do interesse público, ou seja, do conjunto que interesses que, em diferentes graus, será tutelado pela ação administrativa considerada – no caso, o patrocínio.

Esse exercício discricionário de eleição do interesse público a ser satisfeito envolve inúmeras decisões inter-relacionadas, que advêm de respostas aos seguintes questionamentos: deve-se

---

[189] Odete Medauar traça interessante linha histórica sobre a evolução do conceito de interesse público, com ênfase na concepção propalada pela moderna doutrina. *Cf.* MEDAUAR, Odete. *O direito administrativo em evolução.* 3. ed. Brasília: Gazeta Jurídica, 2017. pp. 230-238 e 383-384.

[190] Gustavo Binenbojm, reconhecendo a centralidade do sistema de direitos fundamentais veiculado na Constituição e a estrutura pluralista e maleável dos princípios constitucionais, apresenta crítica contundente ao princípio da supremacia do interesse público sobre o privado, quando aplicado desacompanhado de um modelo de ponderação: "Deste modo, a emergência de um modelo de ponderação, como critério de racionalidade do direito (e do próprio Estado democrático de direito), servirá de instrumento para demonstrar a inconsistência da ideia de um princípio jurídico (ou um postulado normativo aplicativo) que preconize a supremacia abstrata e *a priori* do coletivo sobre o individual ou do público sobre o privado. BINENBOJM, Gustavo. *Uma teoria do direito administrativo:* direitos fundamentais, democracia e constitucionalização. 3. ed. Rio de Janeiro: Renovar, 2014. pp. 29-33

patrocinar ou não?; quais as eventuais áreas sociais que devem ser objeto prioritário de ações de patrocínio?; qual o montante de recursos a serem repassados em cada ação?; quais as contrapartidas a serem exigidas?; quais as comunidades ou os grupos de pessoas que devem ser prioritariamente beneficiados por ações incentivadas com o patrocínio estatal?; qual a melhor forma de condução do processo de seleção das iniciativas a serem patrocinadas?; em se tratando de patrocínio comercial, quais parceiros trarão o maior benefício empresarial possível?; entre outros.

Cada uma dessas questões, para ser respondida, pode envolver um conjunto de subquestionamentos. Ao final, respondidas todas as questões de forma ótima, terá havido a melhor conformação possível entre os diversos interesses, e estará delineado o interesse público a ser atendido.[191]

A solução ótima a que deve observância o juízo de discricionariedade refere-se àquela solução que melhor atenda aos diversos interesses sujeitos à conciliação. Nesse sentido, valem as palavras de Celso Antônio Bandeira de Melo:

> É exatamente porque a norma legal só quer a solução ótima, perfeita, adequada às circunstâncias, que, ante o caráter polifacético, multifário, dos fatos da vida, se vê compelida a outorgar ao administrador – que é quem se confronta com a realidade dos fatos segundo seu colorido próprio – certa margem de liberdade para que este, sopesando as circunstâncias, possa dar verdadeira satisfação à finalidade legal.
> Então, a discrição nasce precisamente do propósito normativo de que só se tome a providência excelente, e não a providência sofrível e eventualmente ruim, porque, se não fosse por isso, ela teria sido redigida vinculantemente.[192]

---

[191] Sobre o tema "patrocínio estatal ativo *versus* atendimento do interesse público", vale o estudo do Processo nº 24.504/2013 do Tribunal de Contas do Distrito Federal. Nesse processo, entre outros assuntos, debateu-se a razoabilidade da concessão de um vultoso patrocínio por uma empresa pública distrital, de atuação local e inserta em um mercado não concorrencial, a uma federação desportiva local com o fim de apoiar a participação de atletas uma competição transmitida para diversos países. Como destacou o *Parquet* especializado, em manifestação alinhada à do Corpo Técnico da Corte de Contas Distrital, o patrocínio, naquele caso, não era instrumento apto a satisfazer o interesse público, pois a ação não estaria vinculada ao desenvolvimento econômico e social do Distrito Federal e, além disso, a mera divulgação do nome da empresa pública na mídia internacional não seria contrapartida eficiente para buscar uma ampliação de negócios da estatal ou para o fortalecimento de sua marca.

[192] MELLO, Celso Antônio Bandeira de. *Discricionariedade e controle jurisdicional*. 2. ed. São Paulo: Malheiros, 2012. p. 35.

Na linha exposta por Bandeira de Mello, pode-se afirmar que uma norma vinculante que visa ao caráter ótimo de atendimento ao interesse público seria aquela que sujeita os patrocínios concedidos por empresas públicas e sociedades de economia mista às regras de licitação, no que couber, nos termos do regramento interno de licitações da empresa (arts. 27, §3º, e 40, ambos da Lei nº 13.303/2016). Isso significa que, sendo viável a competição para atender a determinado fim, a realização do procedimento concorrencial será inafastável, assegurando-se, assim, a observância dos princípios constitucionais da impessoalidade, moralidade, isonomia, moralidade e seus consectários.

Sabe-se ser impossível antever, de maneira antecipada a abstrata, a melhor maneira de atender ao interesse público no caso concreto. Isso não autoriza, contudo, que a atividade administrativa seja absolutamente livre. Em linha com a lição de José Roberto Pimenta Oliveira – elaborada para atividade de fomento, mas perfeitamente replicável para a atividade patrocinadora –, a concessão do patrocínio sujeita-se a uma tríplice análise no caso concreto: adequação (idoneidade), necessidade (exigibilidade) e proporcionalidade em sentido estrito. Assim, deverá ser considerada inválida ou incabível qualquer iniciativa patrocinadora: (i) que não tenha o condão de concretizar o interesse público e os ditames constitucionais autorizadores do patrocínio; (ii) que se revele incompatível, ineficaz ou inexigível, ante a finalidade pública motivadora; ou (iii) cuja relação entre os custos e os benefícios se revele incompatível com o atendimento do interesse público.[193]

4.4 Pertinência temática

A pertinência temática é elemento do regime jurídico que ditará a conformação da matéria objeto do patrocínio às finalidades institucionais prescritas pelo ordenamento a determinado órgão ou entidade da Administração, segundo os princípios da finalidade, da especialidade e da coerência administrativa.

---

[193] OLIVEIRA. José Roberto Pimenta. *Os princípios da razoabilidade e da proporcionalidade no direito administrativo brasileiro*. São Paulo: Malheiros, 2006. pp. 532-533.

Quanto ao princípio da finalidade, Diogo de Figueiredo Moreira Neto explica que tal princípio relaciona-se à consecução do interesse público segundo pressupostos legitimatórios, total ou parcialmente definidos na lei ou na Constituição, que devem ser satisfeitos por órgãos que detenham a respectiva competência.[194] A distribuição de competências, por sua vez, entre órgãos e entidades da Administração satisfaz o princípio da especialidade, relacionando-se intimamente ao princípio da eficiência e aos resultados da ação administrativa. Pela precisão, transcreve-se a lição de Moreira Neto sobre este princípio:

> A lei, ao instituir certa especialização, uma vez que o faça, adscreve a cada ente, órgão ou agente um campo ou um setor determinado de ação administrativa, demandando certos conhecimentos específicos para a realização eficiente dos fins administrativos nela visados, vedando-se, em consequência, que esses entes, órgãos ou agentes atuem na prossecução de qualquer outra finalidade que não aquela ínsita em sua respectiva regra de competência.
>
> Ante essa vedação, nulas serão quaisquer atividades estranhas à lei instituidora ou que a extrapolem, mesmo se a intenção for manifestamente a de servir à sociedade ou de apoiar de algum modo a ação administrativa pública. Seria assim irregular, *exempli gratia*, o ato de um instituto de previdência que instituísse um serviço de assistência médico-hospitalar, como também o seria a aceitação de um legado por uma autarquia, que implicasse a instituição de um serviço estranho à finalidade legal da entidade.[195]

Nesse contexto, os princípios da finalidade e da especialidade informam que os entes da Administração não podem realizar atividades que transbordem o fim a que se destinam, sob pena de nulidade, por ausência de competência. Assim, evita-se a satisfação de interesses pessoais, sectários ou político-partidários, ou, até mesmo, interesse público estranho à sua competência. A administração deve servir, necessariamente, a interesses públicos caracterizados, de maneira expressa ou implícita, pelo comando da norma.[196]

---

[194] MOREIRA NETO, Diogo de Figueiredo. *Curso de direito administrativo*: parte introdutória, parte geral e parte especial. 15. ed. Rio de Janeiro: Forense, 2009. pp. 103-104.

[195] MOREIRA NETO, Diogo de Figueiredo. *Curso de direito administrativo*: parte introdutória, parte geral e parte especial. 15. ed. Rio de Janeiro: Forense, 2009. pp. 113-114.

[196] TÁCITO, Caio. *Teoria e prática do desvio de poder. Temas de direito público: (estudos e pareceres).* Rio de Janeiro: Renovar, 1997, v.1, p. 162.

Ademais, a atuação para além de suas finalidades legais ou constitucionais pode levar determinado órgão ou entidade a interferir ou a conflitar com ações de outra expressão funcional fracionária da Administração, o que pode transparecer uma Administração bifronte, conflitante, disparatada e até mesmo contraditória.[197]

Por isso, ao verificar a conveniência e a oportunidade de patrocinar, exige-se dos órgãos e entidades de direito público interno – Administração direta, autárquica e fundacional – que observem o incentivo a atividades que se alinhem às suas finalidades institucionais, sem prejuízo da indispensável observância dos vetores constitucionais que devem pautar a intervenção do Estado no domínio social. Assim, evita-se, por exemplo, que determinada entidade não especializada – e, portanto, não dotada de competência – em determinado tema, incentive iniciativas consideradas não estratégicas, inoportunas ou inconvenientes pela entidade legal e constitucionalmente competente no âmbito da matéria patrocinada.

Em matéria de pertinência temática, contudo, ressalva deve-se fazer quanto à entidade da Administração direta (União, estados, municípios e Distrito Federal), quando atuarem diretamente como patrocinadoras, sem a intermediação de um de seus órgãos desconcentrados (ministérios, secretarias, etc.). Nesses casos, afigura-se despropositado exigir a conformação temática, pois o ente da Administração direta, na figura de seu titular máximo (art. 84, inciso II, da Constituição da República, *mutatis mutandis* em relação aos entes subnacionais), detém a competência constitucional originária para a consecução da generalidade das tarefas atribuíveis ao Estado, não havendo *especialização* na atuação.

No que tange às empresas estatais, contudo, dado o regime híbrido, de direito público e de direito privado, a que, em maior ou menor grau, estão submetidas, é lícito o patrocínio de iniciativas sociais não adstritas à área de atuação da entidade, sem que se macule o princípio da especialidade. É o que se depreende da

---

[197] MOREIRA NETO, Diogo de Figueiredo. *Curso de direito administrativo:* parte introdutória, parte geral e parte especial. 15. ed. Rio de Janeiro: Forense, 2009. pp. 119-120.

leitura conjunta do art. 173, §1º, inciso I e III, da Constituição da República, e do art. 27, §3º, da Lei nº 13.303/2016, o Estatuto Jurídico das Estatais, *in verbis*:

CONSTITUIÇÃO
Art. 173. Ressalvados os casos previstos nesta Constituição, a exploração direta de atividade econômica pelo Estado só será permitida quando necessária aos imperativos da segurança nacional ou a relevante interesse coletivo, conforme definidos em lei.
§1º A lei estabelecerá o estatuto jurídico da empresa pública, da sociedade de economia mista e de suas subsidiárias que explorem atividade econômica de produção ou comercialização de bens ou de prestação de serviços, dispondo sobre:
I – sua função social e formas de fiscalização pelo Estado e pela sociedade;
[...]
III – licitação e contratação de obras, serviços, compras e alienações, observados os princípios da administração pública;

ESTATUTO DAS EMPRESAS ESTATAIS (LEI Nº 13.303/2016)
Art. 27. A empresa pública e a sociedade de economia mista terão a função social de realização do interesse coletivo ou de atendimento a imperativo da segurança nacional expressa no instrumento de autorização legal para a sua criação.
[...]
§3º A empresa pública e a sociedade de economia mista poderão celebrar convênio ou contrato de patrocínio com pessoa física ou com pessoa jurídica para promoção de atividades culturais, sociais, esportivas, educacionais e de inovação tecnológica, desde que comprovadamente vinculadas ao fortalecimento de sua marca, observando-se, no que couber, as normas de licitação e contratos desta Lei.

Pelos dispositivos supratranscritos, denota-se que o Estatuto das Empresas Estatais, ao dispor sobre a função social dessas entidades, em atendimento ao art. 173, §1º, inciso I, da Constituição da República, expressamente autorizou as empresas públicas e as sociedades de economia mista a celebrarem contrato de patrocínio com pessoas físicas e jurídicas para a promoção de atividades *culturais, sociais, esportivas, educacionais* e de *inovação tecnológica* que visem à realização do interesse coletivo e desde que comprovadamente vinculadas ao fortalecimento de sua marca. Disposições equivalentes constam do art. 44, §§3º e 4º, do Decreto nº 8.945/2016, regulamentador da Lei nº 13.303/2016.

Não se exige, portanto, no caso de empresas estatais, que o patrocínio – cuja finalidade seja comercial, social, ou mesmo legitimadora – esteja vinculado ao setor de atuação da entidade, mas, sim, que, além de satisfeitos os demais requisitos legais e constitucionais, o patrocínio fortaleça a marca do patrocinador. A Lei e o Decreto foram omissos na conceituação do que é "fortalecimento de marca". Contudo, como já apontado nas Seções 3.4.2 e 3.4.3, o fortalecimento da marca decorre, justamente, da atuação da estatal no fomento de atividades socialmente relevantes e de interesse coletivo, o que leva, inclusive, a um efeito legitimador da atuação do Estado.

Se o patrocínio for de natureza comercial (Seção 3.4.1), o fundamento de sua concessão estará, de forma presumida, intrinsicamente voltado para o fortalecimento da marca do patrocinador, já que a finalidade perseguida será o aumento de vendas, receitas, carteira de clientes, *market share*, etc. Contudo, como já pontuado, ainda nesse caso, deverão ser observadas as áreas delimitadas no art. 27, §3º, da Lei nº 13.303/2016.

4.5 Vinculação dos recursos ao objeto patrocinado

Tema de grande importância e ainda sujeito a muitas controvérsias[198] é a vinculação dos recursos transferidos a título de

---

[198] Veja-se, por exemplo, excerto do Voto condutor do Acórdão 2.445/2016, do Plenário do Tribunal de Contas da União: "De maneira semelhante, a exigência de conta bancária específica em caso de contratos de patrocínio pode ser considerada um mecanismo para que possa ser demonstrado que os recursos oferecidos foram, de fato, aplicados nos objetivos a que se destinavam. Todavia, o Tribunal já se deparou com casos concretos cujas circunstâncias levaram-no a concluir que 'os recursos repassados mediante patrocínio não estão vinculados às despesas a serem realizadas, mas ao retorno publicitário dele advindo' (Acórdão 1.785/2003-TCU-Plenário) e que a 'contrapartida para o patrocínio seria a exposição da imagem do patrocinador, não havendo que se falar em aplicação indevida de recursos, salvo se houvesse negociação entre as partes vinculando a aplicação dos recursos em finalidades específicas' (Acórdão 1.973/2012-TCU-Plenário). Diante desse contexto, estou de acordo com as conclusões do Tribunal quando, por ocasião do Acórdão 2.914/2015-TCU-Plenário, acolheu o entendimento de que: 'De fato, o tema requer uma *análise diferenciada em função das circunstâncias particulares de cada caso*. A dificuldade de análise por parte do patrocinador, como também por parte deste Tribunal para os eventos de patrocínios está, exatamente, nos 'pactos de diferentes naturezas, revelando as circunstâncias particulares de cada caso concreto, acima da designação que eventualmente se lhe tenha dado, se o acordo firmado cuida de contrato ou de convênio', como muito

patrocínio à finalidade específica patrocinada (um evento, ou uma atividade, por exemplo). O assunto está intimamente relacionado à prestação de contas e à repartição de riscos entre patrocinado e patrocinador. Contudo, esses temas, dada sua especificidade e importância, serão objeto de análise individualizada, em seções adiante.

Primeiramente, deve-se destacar que a vinculação dos recursos a determinada finalidade não necessariamente decorre de norma de direito público, uma vez que, mesmo em contratos de patrocínio regidos entre particulares, ou seja, regidos eminentemente pelo direito privado, poderia ser pactuada, entre as partes, cláusula contratual que vinculasse a aplicação dos recursos repassados à finalidade patrocinada, prevendo, também, as formas por meio das quais se daria a respectiva comprovação.

Nos casos de patrocínios concedidos pela Administração Pública, contudo, a análise deve ser mais detida. Uma vez que, como visto, a atividade patrocinadora da Administração deve sempre estar adstrita ao atendimento do interesse público descortinado em cada caso, os recursos repassados a título de patrocínio devem, necessariamente, ser empregados na finalidade pública que conduziu o gestor, no exercício de seu juízo discricionário, a optar por patrocinar determinada iniciativa privada. Assim, se – a partir da ponderação dos inúmeros interesses legítimos envolvidos – o gestor identifica motivadamente o interesse público passível de ser beneficiado pelo patrocínio, os recursos repassados não poderão ser empregados em finalidade outra que não satisfaça, precisamente, aquele interesse público eleito.

A vinculação dos recursos repassados, portanto, assegura que o elemento causal do contrato de patrocínio, qual seja, o atendimento do interesse público *in concreto*, seja satisfeito, dando concretude à boa-fé objetiva que deve pautar as relações contratuais e, também, à função social do contrato de patrocínio celebrado pela Administração Pública.

Sobre o tema, reproduz-se breve passagem da opinião manifestada pelo Corpo Técnico do Tribunal de Contas da

---

bem asseverou no Representante do Parquet especializado'. (voto condutor do Acórdão 2.914/2015-TCU-Plenário, destaques acrescidos)".

DIEGO PRANDINO
O CONTRATO DE PATROCÍNIO ATIVO NA ADMINISTRAÇÃO PÚBLICA

União, transcrita no Relatório que deu origem ao Acórdão nº 2.914/2015-Plenário:

> 45. Alerta-se que a utilização dos recursos do patrocínio em finalidades alheias ao objeto pactuado também pode vir a causar prejuízo à imagem do patrocinador, caso haja vinculação de sua marca a eventos ilícitos ou contrários à moral e aos bons costumes. Daí porque se reafirma que os recursos sempre devem estar vinculados ao projeto patrocinado, independentemente de se tratar de patrocínio com ou sem incentivo fiscal.

Para o ramo da Administração regido pelo direito público, a vinculação dos recursos à finalidade patrocinada parece ser mandatória, sob risco de recursos orçamentários serem aplicados em finalidade diversa da que ensejou a concessão do patrocínio. Destaque-se que os recursos transferidos a título de patrocínio, embora submetidos à gestão privada, não perdem sua natureza pública, porquanto sua aplicação necessariamente deverá satisfazer a determinada finalidade de interesse público.[199]

Quanto às empresas públicas e sociedades de economia mista, a solução para a questão advém da análise conjunta dos seguintes dispositivos: art. 173, §1º, inciso I, da Constituição; art. 27, §3º, da Lei nº 13.303/2016; e art. 44º, §§3º e 4º do Decreto nº 8.945/2016. Conjuntamente considerados, esses dispositivos preconizam que a empresa estatal deve atender à sua função social, consubstanciada na realização do interesse coletivo, orientada para o alcance do bem-estar econômico e para a alocação socialmente eficiente dos recursos geridos pela empresa estatal. Especificamente no que tange aos citados artigos do Decreto, são seus preceitos:

> Art. 44. *A empresa estatal terá a função social de realização do interesse coletivo* ou de atendimento a imperativo da segurança nacional expressa no instrumento de autorização legal para a sua criação.

---

[199] Sobre a natureza dos recursos transferidos a agentes privados, é relevante o entendimento esposado por Carlos Ari Sundfeld e Rodrigo Pagani de Souza, no sentido de que, nas modernas parcerias entre a Administração Pública e o setor privado, os recursos orçamentários transferidos assumem natureza privada, dando-se enfoque ao resultado da atuação do particular. *Cf.* SUNDFELD, Carlos Ari; SOUZA, Rodrigo Pagani de. As modernas parcerias públicas com o terceiro setor. In: SUNDFELD, Carlos Ari (Coord.). In: *Contratações públicas e seu controle.* São Paulo: Malheiros, 2013. pp. 61-67.

§1º *A realização do interesse coletivo de que trata este artigo deverá ser orientada para o alcance do bem-estar econômico e para a alocação socialmente eficiente dos recursos geridos pela empresa estatal,* e também para

[...]

§3º A empresa estatal poderá celebrar instrumentos de convênio quando observados os seguintes parâmetros cumulativos:

[...]

I – a convergência de interesses entre as partes;

II – a execução em regime de mútua cooperação;

III – *o alinhamento com a função social de realização do interesse coletivo;*

[...]

§4º Além do disposto no §3º, *a celebração de convênio ou contrato de patrocínio* deverá observar os seguintes parâmetros cumulativos adicionais:

I – *a destinação para promoção de atividades culturais, sociais, esportivas, educacionais e de inovação tecnológica;*

[...] [grifos adicionados]

A redação do Decreto que limita a destinação de recursos para as áreas culturais, sociais, esportivas, educacionais e de inovação tecnológica segue a dicção do art. 27, §3º da Lei nº 13.303/2016. Ou seja, a finalidade ótima, definida pela Lei, de forma abstrata, é a destinação de recursos de patrocínio a essas áreas, sendo defeso à empresa estatal, em qualquer caso, patrocinar iniciativa não classificável nesses dispositivos legais e regulamentares. Nesse sentido, para evitar que, na execução da atividade patrocinada, os recursos repassados sejam aplicados em finalidade não ótima, diversa da pretendida, é imperiosa, em qualquer caso, a vinculação da aplicação dos recursos repassados ao objeto patrocinado.

Assim, considerando que os recursos repassados por empresas estatais para fins de patrocínio destinam-se, em qualquer caso, ao incentivo de atividades de interesse coletivo em áreas específicas e, ainda, que o contrato de patrocínio deve ser executado observando-se a convergência de interesses e em regime de mútua cooperação com o patrocinador (incisos I e II do §3º do art. 44 do Decreto nº 8.945/2016),[200] o patrocinado deve envidar seus melhores esforços para dar consecução ao interesse público subjacente ao

---

[200] Observação aplicável apenas às empresas públicas e sociedades de economia mista federais, porquanto trata-se de disposições insertas em decreto federal. Contudo, a lógica é plenamente replicável para os entes subnacionais.

contrato, aplicando, pois, os recursos recebidos na finalidade específica patrocinada. E essa conclusão é de todo harmônica com o art. 68 da Lei nº 13.303/2016, cujo teor é o seguinte: *"Os contratos de que trata esta Lei regulam-se pelas suas cláusulas, pelo disposto nesta Lei e pelos preceitos de direito privado"*. A Lei, ao dispor sobre o regime jurídico contratual das empresas estatais, estabelece uma concorrência entre as normas de direito privado e os demais ditames nela contidos. Assim, a vinculação dos recursos à finalidade patrocinada não contraria a natureza privada do contrato, apenas reafirma que o regime jurídico aplicável será aquele que melhor satisfaça a função social do contrato, conforme previsto no art. 27, §3º, da Lei e na Constituição da República.

Contudo, conforme já afirmado, a imposição dessa exigência às empresas estatais atuantes em regime concorrencial deverá ser harmônica com o desenvolvimento de sua atividade e com o cumprimento de sua função social. Nesse sentido, não pode ser ignorado que a imposição, a essas entidades, de normas típicas de direito público – como a ora analisada – pode ser nociva à sua própria atuação competitiva no mercado.

4.6 Prestação de contas

Outro ponto polêmico[201] do regime jurídico desses contratos é a pertinência ou não de serem exigidas prestações de contas dos

---

[201] Nesse sentido, registre-se opinião do Corpo Técnico do Tribunal de Contas da União, reproduzida no Relatório que originou o já mencionado Acórdão nº 2.914/2015-Plenário: "21. No caso da Petrobras, por exemplo, como os seus contratos de patrocínio seguem uma minuta-padrão elaborada pelo seu departamento jurídico, e considerando a inteligência do Acórdão 1973/2012-P, de 1º/8/2012, caso essa companhia não preveja nenhuma cláusula de vinculação entre o desembolso e a execução do objeto, a prestação de contas estaria dispensada, uma vez que o patrocinado não precisaria comprovar a aplicação integral dos recursos no projeto. 22.Não obstante esse novo posicionamento adotado pelo Plenário em agosto de 2012, a jurisprudência do TCU continuou oscilante, pois, cerca de dois meses depois da prolação do Acórdão 1973/2012-TCU-P, o Tribunal retomou a jurisprudência da segunda tese. Com efeito, em 26/9/2012, por meio do subitem 9.4 do Acórdão 2575/2012-TCU-P, que deu origem a esta representação, o Plenário reiterou a determinação do subitem 1.4 do Acórdão 1962/2004-TCU-2C, ratificado pelo Acórdão 2224/2005-TCU-2C, no sentido de que a Petrobras deveria exigir prestação de contas em contratos de patrocínio".

recursos repassados ao patrocinado. Antes de quaisquer conclusões, algumas questões devem ser enfrentadas.

Preliminarmente, cabe esclarecer que os recursos repassados ao particular com fundamento em um contrato de patrocínio não visam a remunerar o patrocinado pela prestação de um serviço ou coisa que o valha. Embora deva ser observada equivalência subjetiva entre as prestações a cargo do patrocinador e as contraprestações de responsabilidade do patrocinador, não se trata da remuneração de um serviço de publicidade. Tem-se, de um lado, um apoio de ordem patrimonial em favor do patrocinado e, de outro, a vinculação da imagem do patrocinador à consecução do objeto patrocinado, o que pode trazer benefícios de ordem econômica, social ou mesmo moral, tanto para o patrocinador quanto para o patrocinado.

Como já analisado, em qualquer caso, figurando a Administração Pública direta ou indireta como patrocinadora, o objeto patrocinado deverá atender a uma finalidade de interesse público, observados os ditames constitucionais, legais e estatutários que pautam a atuação do Estado nos domínios econômico e social. Os recursos destinados a apoiar determinada finalidade de interesse público não podem ter sua finalidade alterada no curso da execução do contrato, vindo a satisfazer interesses privados ou, até mesmo, interesses públicos diversos daquele que ensejou a concessão do patrocínio.

No caso específico das empresas estatais, a Constituição da República e a Lei nº 13.303/2016 vinculam a atuação das empresas públicas e das sociedades de economia à realização de sua função social, que, no caso do patrocínio, está vinculada ao atendimento do interesse coletivo e do incentivo às iniciativas nas áreas culturais, sociais, esportivas, educacionais e de inovação tecnológica.

Disso decorre que os recursos – ou quaisquer outras expressões patrimoniais da Administração destinadas ao apoio da iniciativa patrocinada – não têm transmudada sua natureza pública ao serem repassados à gestão do patrocinado privado. Os valores que consubstanciam o apoio estatal à determinada iniciativa particular permanecem vinculados à consecução do interesse público em cada caso, mesmo se o patrocínio tiver finalidade eminentemente comercial.

Nesse contexto, o patrocínio ativo da Administração sujeita-se ao dever fundamental de prestar contas, consubstanciado no parágrafo único do art. 70 da Constituição da República:

Art. 70. A fiscalização contábil, financeira, orçamentária, operacional e patrimonial *da União e das entidades da administração direta e indireta, quanto à legalidade, legitimidade, economicidade, aplicação das subvenções* e renúncia de receitas, será exercida pelo Congresso Nacional, mediante controle externo, e pelo sistema de controle interno de cada Poder.

Parágrafo único. *Prestará contas qualquer pessoa física ou jurídica, pública ou privada, que utilize, arrecade, guarde, gerencie ou administre dinheiros, bens e valores públicos* ou pelos quais a União responda, ou que, em nome desta, assuma obrigações de natureza pecuniária. [grifos adicionados]

O dispositivo constitucional não deixa dúvidas quanto à necessidade de que preste contas qualquer pessoa pública ou privada que receba e utilize recursos públicos para a consecução de uma dada finalidade.

No caso ora estudado, o patrocinado recebe recursos públicos para a consecução de determinada atividade de interesse público, cumpridora da função social e institucional do patrocinador estatal, que não poderá ser ignorada ou desviada. O atendimento do interesse público é, portanto, pressuposto da concessão do patrocínio pela Administração. Logo, indubitavelmente, o patrocinado, à luz do comando constitucional, estará compelido a prestar contas da regular aplicação dos recursos recebidos, independentemente da finalidade a que estiver vinculado o contrato de patrocínio. Assim, estabelecem-se condições que permitirão verificar, constatar e impor o atendimento do interesse público, assegurando-se o cumprimento não apenas do contrato, mas da lei e da Constituição.[202]

Ademais, no caso específico do patrocínio, não é despiciendo reconhecer que a própria prestação de contas dos recursos repassados é instrumento da consecução do interesse público e da função social subjacente ao contrato.[203] Eventual resistência contra tal exigência visaria a atender interesses outros que não os estritamente públicos, incrementando o risco de desvio e de malversação de verbas públicas. Aliás, esse risco tem o condão, até mesmo, de gerar dividendos negativos capazes de anular ou de sobrepujar os potenciais efeitos positivos do patrocínio, já que

---

[202] MILESKI. Hélio Saul. *O controle da gestão pública*. 2. ed. Belo Horizonte: Fórum, 2011. p. 168.

[203] Desde 1789, a Declaração dos Direitos do Homem e do Cidadão, em seu art. 15, já previa: "A sociedade tem o direito de pedir contas a todo agente público pela sua administração".

o eventual envolvimento do patrocinador ou do patrocinado – ou de ambos – em episódios de corrupção ou de desvios de verbas públicas, indubitavelmente, macularia sua imagem, conduzindo a potencial prejuízo de ordem comercial, social ou moral. Nesse sentido, diversos instrumentos eficazes podem ser previstos em contrato para que se permita a verificação da efetiva aplicação dos recursos no objeto pactuado. No âmbito das parcerias regidas pela Lei nº 13.019/2014, por exemplo, há a obrigação de que os recursos repassados sejam movimentados por meio de conta bancária específica, isenta de tarifa bancária, em instituição financeira pública determinada pela Administração Pública (art. 51).

No caso dos patrocínios concedidos pela Administração, a abertura de conta específica se mostra adequada, mormente ante o benefício dela advindo, já que os custos logísticos e financeiros de tal medida são mínimos. Ademais, evita-se que, na coexistência de verbas de patrocínios privados[204] em montante igual ou superior ao custo do objeto patrocinado, os recursos públicos sejam incorporados ao patrimônio do particular patrocinado, em flagrante desacordo aos cânones constitucionais referentes à boa gestão dos recursos públicos e às demais normas de regência.

Outro benefício decorrente da adoção da conta bancária específica é a possibilidade de se verificar a efetiva aplicação dos recursos. Não raro, agentes patrocinados, imbuídos de má-fé, e na tentativa de comprovar a aplicação de recursos, apresentam à Administração Pública patrocinadora notas fiscais decorrentes de permuta, ou seja, documentos que atestam a troca, entre o patrocinado e outros patrocinadores, de serviços ou de outras utilidades patrimoniais diversas de pecúnia. Como comprovar a aplicação de recursos sem que efetivamente se apliquem recursos?[205]

---

[204] Neste caso, a mera apresentação de notas e demais comprovantes de realização de despesas não será suficiente para assegurar que os recursos transferidos foram aplicados na finalidade pactuada, já que tais comprovantes não explicitam a origem pública ou privada dos recursos aplicados.

[205] É o caso, por exemplo, em que o organizador de dado evento pactua com determinado patrocinador privado o fornecimento de bens ou serviços em troca da veiculação publicitária de sua marca. O patrocinador privado, nesse caso, emite nota fiscal baseada na permuta, porquanto não houve efetivo pagamento em pecúnia pelos bens ou serviços fornecidos. Essa nota fiscal, a toda evidência, é inservível à prestação de contas perante à Administração Pública, pois, claramente, não houve a efetiva aplicação dos recursos públicos na finalidade de interesse público pactuada.

Outros instrumentos que viabilizem a prestação de contas podem ser estipulados em contrato, isolada ou conjuntamente, desde que deixem indene de dúvidas a *efetiva* aplicação dos recursos públicos transferidos ao patrocinado.

Uma questão que merece abordagem, nesse ponto, é o art. 35 da IN nº 9/2014. Segundo o dispositivo, para a prestação de contas do patrocínio, o patrocinador exigirá do patrocinado, *exclusivamente*, a comprovação da realização da iniciativa patrocinada e das contrapartidas previstas no contrato. Parece ser norma que contrasta com a própria IN, que, em seu art. 4º, inciso XI, estabelece que o patrocinador deve pautar sua atuação com base nos princípios da legalidade, impessoalidade, moralidade, igualdade, publicidade, probidade administrativa e, ainda, na observância da eficiência e da racionalidade na aplicação dos recursos públicos. O art. 4º, inciso IX, da IN, coaduna-se com o quadro constitucionalmente estabelecido para a gestão dos recursos públicos, ao contrário de qualquer entendimento que, ao interpretar do art. 35 da IN, conduza à conclusão de que a prestação de contas é dispensada, ou mesmo proibida.

Por derradeiro, ratifica-se o entendimento assentado em Acórdão proferido pela 3ª Turma do Tribunal Regional Federal da 4ª Região no bojo da Apelação Cível nº 5000830-55.2013.4.04.7216/SC, cuja ementa se reproduz (entendimento não alterado pelo Superior Tribunal de Justiça no Agravo em Recurso Especial nº 737.902/SC, nem pelo Supremo Tribunal Federal no Recurso Extraordinário com Agravo nº 959.653/SC):

ADMINISTRATIVO. PETROBRÁS. CONTRATO DE PATROCÍNIO. CONVÊNIO. PROJETO BALEIA FRANCA. PRESTAÇÃO DE CONTAS. CARÊNCIA PROBATÓRIA. AUSÊNCIA DE PROVA TÉCNICA HÁBIL À SOLUÇÃO DA CONTROVÉRSIA. ANULAÇÃO DA SENTENÇA. DETERMINAÇÃO.

1. *Ainda que se trate de contrato de patrocínio e não convênio, sendo o patrocinador integrante da administração indireta, não há como dispensar-se a exigência de prestação de contas, sob pena de ofensa ao interesse geral de cautela, a teor do que prevê o art. 70 da CF.*

2. *Sendo os valores destinados ao Projeto Baleia Franca provenientes, ainda que em parte, de receita pública federal, eles não perdem essa qualidade apenas porque aplicados em prol do meio ambiente. Não se discute que o projeto reveste-se de valor público e social, o que apenas confirma a necessidade de aplicação correta dos valores no objetivo proposto.*

3. Revelando-se prematura a entrega da prestação jurisdicional, diante do preceito contido no artigo 130 do CPC, pois a prova dos autos ressente-se da demonstração hábil à solução da controvérsia, qual seja a comprovação (ou não) da prestação de contas nos contratos questionados, a anulação da sentença é medida impositiva.

4. *Determinação de produção das provas necessárias ao deslinde da questão posta em juízo (prova pericial contábil, após a realização do cotejo entre os valores repassados pelos contratos de patrocínio e as despesas veiculadas para o alcance dos objetivos propostos)*, com a consequente anulação da sentença e determinação da reabertura da instrução probatória, pelo juízo de origem, para que realize a prova técnica hábil ao deslinde das questões remanescentes, restando prejudicado, por ora, o exame das apelações. [grifos adicionados]

Reafirma-se, assim, a necessidade de que os recursos públicos repassados a iniciativas privadas no bojo de contratos de patrocínio sejam objeto de prestação de contas específica, aptas a comprovar a regular e a efetiva aplicação dos recursos no objeto patrocinado, nos termos contratual e legalmente estabelecidos. Muito mais do que uma obrigação meramente instrumental, a prestação de contas representa um dever constitucional inerente ao contrato de patrocínio que tenha a Administração Pública como parte patrocinadora.

4.7 Avaliação de resultados

Conforme bem apontado por Floriano de Azevedo Marques Neto, a atividade de controle da Administração já não mais se satisfaz com controles meramente formais – aqueles pautados na verificação da atenção aos procedimentos e requisitos previstos em lei como condição para a prática de determinado ato. Exige-se que os controles formais sejam complementados por uma dimensão material do controle, que se volte à apreciação dos resultados advindos de determinada atuação administrativa.[206]

No mesmo tom, Diogo de Figueiredo Moreira Neto, ao ressaltar o surgimento de um novo ciclo histórico de controle da

---

[206] MARQUES NETO, Floriano de Azevedo. Os grandes desafios do controle da Administração Pública. *Fórum de contratação e gestão pública*, Belo Horizonte, ano 9, n. 100, p. 730, abr. 2010.

Administração Pública, destaca que, após a explicitação do princípio da eficiência no texto constitucional, há mais do que suficiente fundamento para se afirmar o dever do bom resultado na atividade administrativa pública:

> Assim se chega à conclusão de que, nessas condições, se no plano *moral* o *bom resultado* é exigível e, do mesmo modo o é no plano do *direito privado*, com muito mais razão deverá sêlo no plano do *direito público*, em que os *recursos* empregados e os *interesses* a serem satisfeitos não são os do agente e, nem mesmo, dos particulares, mas são os da *sociedade*, ao que se acresce que as *investiduras públicas*, que têm os ônus de sua satisfação a seu cargo, tampouco a ninguém são *impostas*, senão que, *voluntariamente assumidas*.[207] [grifos no original]

O dever de avaliação das políticas, atos e contratos é inerente a qualquer atividade, seja pública, seja privada. No âmbito da Administração Pública, a avaliação de resultados permite analisar criticamente os efeitos de uma dada atuação, orientando a tomada de decisão futura. Se os resultados não são avaliados, não há como distinguir sucesso de insucesso; não sendo visto o sucesso, não se pode com ele aprender; não se reconhecendo o fracasso, não se pode corrigi-lo.[208]

Com os contratos de patrocínio a questão ainda é mais delicada, uma vez que os potenciais resultados advindos para o patrocinador são de duas dimensões: uma direta, decorrente dos benefícios sociais advindos da realização da iniciativa patrocinada; outra indireta, relacionada à percepção pública da atuação do Estado como patrocinador.

Quanto à avaliação dos resultados diretos advindos do patrocínio, a análise da efetividade dessas ações de incentivo oferece subsídios para a mudança na política de patrocínios do órgão ou entidade, orientando, quanto a contratos futuros: a lapidação

---

[207] MOREIRA NETO, Diogo de Figueiredo. Novo referencial no direito administrativo: do controle da vontade ao do resultado: a juridicização dos resultados na administração pública. *Fórum administrativo – direito público*, Belo Horizonte, ano 6, n. 67, set. 2006. Disponível em: <http://www.bidforum.com.br/bid/ PDI0006.aspx?pdiCntd=37401>. Acesso em: 28 ago. 2014.

[208] OSBORNE, David; GAEBLER, Ted. *Reinventando o governo:* como o espírito empreendedor está transformando o setor público. Brasília: MH Comunicação, 1994. pp. 157-167.

dos critérios de seleção de iniciativas a serem patrocinadas, segundo os princípios da impessoalidade e do julgamento objetivo; a conveniência e a oportunidade do direcionamento dos recursos públicos para áreas ou setores que, de forma mais efetiva e satisfatória, deem consecução ao interesse público; o dimensionamento dos valores a serem repassados a cada iniciativa, observado o princípio da economicidade; a definição de um rol mais eficiente de contrapartidas; entre outros. Diante de uma iniciativa exitosa, essa avaliação quanto aos resultados diretos pode ensejar, inclusive, o planejamento, o desenho e a efetiva implantação de políticas públicas específicas, voltadas para determinado público.

No que tange aos benefícios indiretos, relacionados à percepção pública da imagem do patrocinador, a avaliação permite aferir a legitimidade da atuação da Administração como patrocinadora, evidenciando o estreitamento ou o afrouxamento dos laços que aproximam Administração Pública e sociedade (*vide* Seção 3.4.3).

Ademais, especificamente no caso das estatais, somente através da avaliação desses efeitos indiretos será possível aferir o atendimento a um dos requisitos estabelecidos no art. 27, §3º, da Lei nº 13.303/2016,[209] para a concessão de patrocínios: a iniciativa patrocinada deve comprovadamente estar vinculada ao fortalecimento da marca da estatal patrocinadora. O fortalecimento da marca só é identificável *a posteriori*, e sua mensuração só é possível mediante avaliações específicas. Assim, se uma dada avaliação de resultados levar à conclusão de que determinado patrocínio não fortaleceu a marca da estatal patrocinadora, o gestor diligente deverá, em oportunidade futura, abster-se de patrocinar o mesmo objeto em condições similares. De outro lado, verificado o fortalecimento da marca, haverá incentivos e respaldo legal para que seja novamente patrocinada iniciativa idêntica ou similar.

A IN nº 9/2014, no âmbito do Poder Executivo federal, estabelece, em seu art. 33, que cabe ao patrocinador verificar o alcance dos objetivos de comunicação do patrocínio. Essa avaliação

---

[209] O Decreto nº 8.945/2016, em seu art. 44, §4º, veicula exigência semelhante: "[...] §4º Além do disposto no §3º, a celebração de convênio ou contrato de patrocínio deverá observar os seguintes parâmetros cumulativos adicionais: [...] II – a vinculação ao fortalecimento da marca da empresa estatal".

de resultados poderá ser efetuada por meio de pesquisas, enquetes, relatórios gerenciais e controles sistematizados, entre outras formas de aferição. Não há, contudo, pelo texto da norma, obrigatoriedade para a realização dessa verificação, o que, afirma-se mais uma vez, parece ir de encontro ao já mencionado art. 4º, inciso IX, da IN, que determina ao patrocinador a aplicação eficiente e racional dos recursos.

Nesse sentido, em cumprimento aos preceitos constitucionais que prezam pela gestão pública eficiente, eficaz, efetiva e econômica, caberia ao Departamento de Patrocínios e ao Comitê de Patrocínios, à luz do art. 6º, incisos VI e VII, bem como do art. 13, incisos V e VII, ambos da IN nº 9/2014, exigir que os órgãos e entidades federais patrocinadores encaminhassem-lhes a avaliação de resultado de patrocínios já concedidos. Em se materializando esse cenário, a troca de informações e de experiências entre patrocinadores poderia conduzir a uma política de concessão de patrocínios públicos sobremaneira mais eficiente – sob os enfoques econômico e social – e alinhada à consecução do interesse público.[210]

4.8 Subsidiariedade, repartição de riscos e multiplicidade de contratos de patrocínio ativo

Embora esses sejam temas aparentemente isolados, a observância do princípio constitucional da subsidiariedade fundamenta a necessidade de que os riscos sejam repartidos entre patrocinador e patrocinado, circunstância que merece ainda mais atenção quando, para uma mesma iniciativa, o patrocinador público figura ao lado de outros patrocinadores, públicos ou privados. Diante da íntima relação entre os temas, optou-se, a seguir, pela abordagem conjunta.

A Corte de Contas italiana, em mais de uma vez, manifestou-se sobre a utilização do patrocínio ativo pela Administração Pública

---

[210] ARIÑO ORTIZ, Gaspar. *Principios de derecho público económico*: modelo de Estado, gestión pública, regulación económica. Granada: Comares, 1999. p. 299.

com a finalidade de informar o cidadão sobre presença estatal em determinada iniciativa privada. A conclusão do Tribunal foi no sentido de que não é admissível a simples utilização do patrocínio com a finalidade de promover a imagem da Administração. Deve-se, antes, e em conjunto à manifestação publicitária, dar suporte a uma atividade privada de interesse público que constitua a concretização do princípio da subsidiariedade – ou seja, o particular atuando em setores em que, embora o Estado possa atuar, prefere-se a iniciativa privada.[211]

No ordenamento pátrio, a Constituição da República claramente privilegia o princípio da subsidiariedade, remetendo, preferencialmente, a soluções compartilhadas entre o Estado e a sociedade organizada, a consecução de determinadas finalidades de interesse público. A profusão dessa forma de atuação decorre do cada vez mais amplo plexo de responsabilidades acometidas ao Estado, o que favorece o surgimento e o desenvolvimento de instrumentos participativos de administração associada, em que o protagonismo é atribuído aos corpos sociais, em detrimento dos corpos políticos.[212] A subsidiariedade, assim, visa não a liberar o poder público de sua responsabilidade de promoção do bem-estar

---

[211] As manifestações do Tribunal de Contas italiano, referentes a consultas feitas por entes locais (comunas, unidade básica da organização territorial italiana) acerca da proibição da realização de despesas com patrocínios contida no Decreto-Lei nº 78/2009 daquele país. O Tribunal entendeu que a mera veiculação da imagem do ente local está proibida (como no caso do patrocínio de um time de futebol), sendo permitido o financiamento, via patrocínio, de iniciativas particulares que sejam de competência do ente, mas que são executadas de forma indireta. *"Come ha messo in luce la Sezione Regionale di Controllo per la Lombardia (parere n. 1075/2010), ciò che assume rilievo per qualificare una contribuzione comunale quale spesa di sponsorizzazione, è la relativa funzione: essa presuppone la finalità di segnalare ai cittadini la presenza del Comune, così da promuoverne l'immagine. Non si configura, invece, quale sponsorizzazione il sostegno di iniziative di un soggetto terzo, rientranti nei compiti del Comune, nell'interesse della collettività anche sulla scorta dei principi di sussidiarietà orizzontale ex art. 118 della Costituzione. In sintesi, tra le molteplici forme di sostegno di soggetti terzi in ambito locale, l'elemento che connota, nell'ordinamento giuscontabile, la contribuzione tuttora ammessa, (distinguendola dalle spese di sponsorizzazioni ormai vietate) è lo svolgimento, da parte del privato, di un'attività propria del Comune in forma sussidiaria. L'attività, perciò, deve rientrare nelle competenze dell'Ente locale e viene esercitata, in via mediata, da soggetti privati destinatari di risorse pubbliche piuttosto che direttamente da parte di Comuni e Provincie, rappresentando una modalità alternativa di erogazione del servizio pubblico e non una forma di promozione dell'immagine dell'Amministrazione"*. Cf. *Deliberazione nº 346/2012, Sezione Regionale di Controllo per l'Abruzzo* e Pareceres nºs 1075/2010/PAR, 1076/2010/PAR, 122/2011 e 160/2011 todos da *Sezione Regionale di Controllo per la Lombardia.*

[212] MOREIRA NETO, Diogo de Figueiredo. *Curso de direito administrativo:* parte introdutória, parte geral e parte especial. 15. ed. Rio de Janeiro: Forense, 2009. pp. 610-612.

social, mas a tornar essa promoção mais democrática e legítima, na medida em que é a própria sociedade que, impulsionada pelo Estado, busca soluções para suas demandas e carências.[213]

Nesse quadro, dentro do que Norberto Bobbio denominou *função promocional do direito*,[214] o Estado passa a induzir a consecução de atividades de interesse social, atribuindo incentivos às condutas privadas desejáveis e despindo-se de uma atuação cogente, impositiva. Assim, expande-se a atuação fomentadora do Estado, que, contudo, não pode se imiscuir demasiadamente na esfera jurídica do particular, sob pena de verticalização da relação entre Administração e administrado, desfigurando a relação jurídica de fomento.[215]

Como visto na Seção 3.4.2, o patrocínio insere-se nesse contexto, porquanto constitui instrumento apto à consecução da função estatal de fomento. Assim, pela própria natureza de incentivo, de propulsão de que se reveste o patrocínio, e à luz do princípio da subsidiariedade, não há de se cogitar que a Administração Pública, em vez de patrocinar, custeie a totalidade do próprio objeto patrocinado, repassando ao particular recursos em monta suficiente para igualar ou mesmo superar o custo da iniciativa. E há dois fundamentos imediatos para rechaçar tal hipótese: o princípio da repartição de riscos, inerente à função de fomento, e a natureza sinalagmática, bilateral e comutativa do contrato de patrocínio. A seguir, aborda-se uma e outra.

---

[213] VERDUGO SANTOS, Javier; OTERO ALVARADO, María Teresa. El estímulo a la participación privada en actividades de interés general: el patrocinio y mecenazgo en España ante la nueva Ley de Fundaciones. In: SEVILLA. JUNTA DE ANDALUCÍA. CONSEJERÍA DE CULTURA. *Nuevo marco legal de las fundaciones y del patrocinio y mecenazgo en España: ley de fundaciones y de incentivos fiscales a la participación privada en actividades de interés general*. Sevilha: Consejería de Cultura, 1995, pp. 23-24. Em sentido contrário, suscitando a não conformação do princípio da subsidiariedade com o ordenamento constitucional pátrio: VALIM, Rafael. *A subvenção no direito administrativo brasileiro*. São Paulo: Contracorrente, 2015. pp. 37-39; MELLO, Celso Antônio Bandeira de. *Curso de direito administrativo*. 32. ed. São Paulo: Malheiros, 2015. pp. 836-838.

[214] Bobbio discorre sobre a função de promoção e incentivo própria dos ordenamentos pós-liberais, deixando-se para trás um viés repressivo. O encorajamento se torna, então, a medida típica do ordenamento promocional. BOBBIO, Norberto. *Da estrutura à função*: novos estudos de teoria do direito. Barueri: Manole, 2007. pp. 13-21.

[215] JUSTEN FILHO, Marçal. A contratação administrativa destinada ao fomento de atividades privadas de interesse coletivo. *Revista eletrônica de direito administrativo econômico*, Salvador, n. 37, fev./abr., 2014.

Rafael Valim, em contexto muito similar, ao dissertar sobre as subvenções estatais, delineia, alicerçado em doutrinadores nacionais e forâneos, o *princípio da repartição de riscos*, cuja aplicabilidade restringe-se àquelas *"transferências de bens e direitos destinadas ao estímulo de atividades de interesse público*, ou seja, relativamente à *parcela* da atividade de fomento que satisfaz indiretamente interesses públicos"[216] [grifos no original]. Nesse contexto, o princípio da repartição de riscos é plenamente aplicável aos patrocínios concedidos pela Administração.

E é natural que seja assim. Pelo princípio da subsidiariedade, cabe ao Estado patrocinador impulsionar iniciativas privadas de interesse público, em atuação cooperativa e concertada. Ao particular compete executar o objeto do patrocínio, assumindo, ao lado da Administração, os custos e os riscos da iniciativa.

O segundo fundamento apto a refutar a possibilidade de patrocínio em valor igual ou superior aos custos da iniciativa é a própria natureza sinalagmática, bilateral e comutativa do contrato de patrocínio, tal como visto na Seção 2.2.

A natureza sinalagmática e bilateral importa que o benefício patrimonial percebido pelo patrocinado decorra de um sacrifício patrimonial equivalente por parte do patrocinador e vice-versa, de modo que ambos, patrocinador e patrocinado, a um só tempo incorporem as condições de credor e de devedor. A comutatividade, por sua vez, impõe que haja equivalência subjetiva entre a prestação do patrocinador e a contraprestação do patrocinado, esta última traduzida na veiculação publicitária. O patrocinado, portanto, assume obrigação de meio, sem responsabilidade, em regra, pelos resultados potenciais, benéficos ou não, que o patrocínio poderá gerar para o patrocinador.

Por isso, é de todo questionável a disposição contida no art. 25, §1º, da IN nº 9/2014, no sentido de que a fixação do valor do patrocínio deverá ser pautada pela expectativa de atingimento dos objetivos previstos para o patrocínio, sem vinculação aos custos da iniciativa patrocinada. Na verdade, o valor do patrocínio não

---

[216] VALIM, Rafael. *A subvenção no direito administrativo brasileiro*. São Paulo: Contracorrente, 2015. pp. 119-121.

deve ter vinculação nem aos benefícios esperados, nem ao custo da iniciativa, mas, sim, à contraprestação do patrocinado. Como a contraprestação é um dos itens que compõem o custo da iniciativa, a comutatividade do contrato impõe que o valor do patrocínio equivalha a apenas *parte* do custo da iniciativa. Se assim não for, há o risco de o valor do patrocínio, quando superior à contraprestação, consubstanciar verdadeira doação de recursos públicos em favor do patrocinado, afastando-se, o contrato, largamente, de sua função social de promoção do interesse público. Nessa hipótese, não apenas preceitos legais restariam maculados, mas, também, haveria afronta aos princípios constitucionais que orientam a atuação da Administração Pública, mormente os da impessoalidade e da moralidade.

Ante o exposto, reafirma-se a natureza comutativa, bilateral e sinalagmática do contrato de patrocínio, não cabendo interpretação que permita doação ou remuneração do patrocinado em valor igual ou superior aos custos da iniciativa patrocinada, bem como em valor vinculado aos pretensos benefícios decorrentes da veiculação publicitária. Vale, nesse ponto, trazer a lição de Velia de Sanctis:

> A propósito, uma parte da doutrina defende que o contrato de patrocínio possa ser considerado aleatório. A aleatoriedade, argumenta-se, seria uma das características desse contrato e consistiria na incerteza do retorno promocional que o patrocinador pode obter com o contrato. Contudo, essa noção é correta apenas para propósitos explicativos, não o sendo no sentido técnico-jurídico.
> *A aleatoriedade que se discute não se refere, de fato, às prestações devidas pelas partes, cujo conteúdo é totalmente definido desde o momento da celebração do contrato,* mas unicamente ao menor grau de certeza quanto ao retorno publicitário que esse tipo de contrato assegura ao patrocinador.[217]

---

[217] Tradução livre do seguinte excerto: "*In proposito, una parte della dottrina ritiene che il contratto di sponsorizzazione possa essere considerato aleatorio.* L'aleatorietà, si sostiene, sarebbe proprio una delle caratteristiche peculiari di questi accordi e consisterebbe nell'incertezza del ritorno promozionale che lo sponsor può trarre dal contratto. *Si è, però, ribattuto che tale nozione è corretta solo se adoperata a fini meramente descrittivi, non lo è se, al contrario, ad essa si attribuisca rilevanza giuridica in senso tecnico. L'aleatorietà di cui si discute non riguarda, infatti, le prestazioni dovute dalle parti, il cui contenuto è compiutamente definito sin dal momento della conclusione del contratto, ma unicamente il minor grado di certeza dei ritorni pubblicitari che questa forma di contratto assicura allo sponsor*" [grifo adicionado]. SANCTIS, Velia de. *Le sponsorizzazioni*: analisi di um fenomeno. Nápoles: Liguori, 2006. pp. 36-37.

Explicada a impossibilidade de a Administração conceder patrocínios em valor igual ou superior à iniciativa incentivada, tecem-se, a seguir, algumas considerações sobre a coexistência de múltiplos contratos de patrocínio para uma mesma iniciativa. Nada obsta que o evento seja totalmente patrocinado, desde que haja a concorrência de recursos privados em complementação ao patrocínio público. Nesse contexto, na aplicação do princípio da repartição de riscos, deve-se considerar Administração Pública em sua totalidade, nas três esferas federativas, de modo que a soma dos recursos públicos recebidos a título de patrocínio não deverá equivaler ou suplantar os custos da iniciativa. Assim, evita-se que o agente patrocinado, obtendo dinheiros públicos de várias entidades de diversas esferas da Administração, logre arrecadar recursos em monta excedente ao custo da iniciativa, agregando ao seu patrimônio a parcela não aplicada no objeto patrocinado.

Disso decorre a necessidade de se exigir que o patrocinado não apenas preste contas, mas que movimente os recursos em conta bancária específica, o que facilita a demonstração inequívoca de que a totalidade dos recursos foram aplicados na consecução da iniciativa patrocinada. Esses instrumentos de controle obstaculizam ocorrências, não tão raras, em que o patrocinado capta recursos com mais de um ente público – da mesma unidade da federação ou não – e, ao prestar contas, apresenta cópias dos *mesmos* recibos e notas fiscais, individualmente, a cada um dos três patrocinadores. A prática, que tem todo o contorno de fraude, é de difícil detecção, porquanto os patrocinadores, isoladamente, diante dos documentos formalmente falsos apresentados, são conduzidos à conclusão de que os recursos foram regularmente aplicados.[218]

---

[218] Um exemplo: Empresas estatais A e B, do estado X, e a sociedade de economia mista C, do município Y, patrocinaram determinado evento privado de interesse público com R$100 cada uma, num total de R$300 concedidos a título de patrocínio. O agente privado patrocinado, então, aplica apenas R$100, desviando os R$200 restantes. Ao prestar contas, o agente privado patrocinado colige notas fiscais no valor total de apenas R$100 e apresenta cópias dessas notas fiscais, isoladamente, a cada um dos patrocinadores A, B e C. Os patrocinadores, por terem recebido cópias de documentos que comprovam a aplicação de R$100, tendem a considerar as contas regulares. Contudo, quando as contas são apreciadas em conjunto, há comprovação de aplicação de somente R$100, ante uma necessidade de comprovação da regular aplicação de R$300.

Em casos em que há a multiplicidade de contratos, a boa gestão de recursos públicos não prescinde de que o patrocinador exija, como elemento integrante das prestações de contas, que o patrocinado informe, sob as penas da lei, não apenas o valor total dos custos da iniciativa, mas também o eventual recebimento de patrocínio provindo de outro órgão ou entidade estatal, de qualquer esfera de federação, bem como o montante recebido em cada caso. Tal medida permite identificar se houve aporte de dinheiros públicos em valor superior ao necessário para a consecução da iniciativa, o que pode ensejar a devolução de recursos.

Outra medida diligente na concorrência de múltiplos patrocinadores públicos é atribuir a um órgão central a coordenação da prestação de contas, para que se evite que um mesmo conjunto de documentos apresentado a determinado patrocinador para fins de prestação de contas seja, também, de maneira fraudulenta, apresentado a outro patrocinador visando à justificação de outros gastos.[219]

---

[219] O Tribunal de Contas do Distrito Federal já possui orientação nesse sentido, fixada na Decisão Ordinária nº 6.056/2016, em que restou determinado a todos os jurisdicionados o seguinte: "IV.e) quando houver mais de um órgão ou entidade distrital patrocinador, a obrigatoriedade de haver cláusula contratual que estabelecer a necessidade de prestação de contas conjunta, a ser coordenada pela Secretaria de Comunicação Institucional e Interação Social do Distrito Federal, nos termos do art. 6º, I, do Decreto nº 36.451/2015".

CONCLUSÃO

O ATUAL ESTÁGIO DO CONTROLE DOS PATROCÍNIOS ATIVOS DA ADMINISTRAÇÃO

A Administração Pública, em suas acepções formal e material, encontra-se em constante evolução, adaptando-se à realidade, à dinâmica e às infindáveis necessidades do Estado e da sociedade. Nesse contexto, visando a oferecer segurança jurídica às relações e proteção aos direitos fundamentais, ao Direito Administrativo compete apreender, descrever e balizar as diversas relações surgidas no âmbito da Administração Pública, sempre com o suporte da doutrina, da jurisprudência e da atividade legislativa.

Contudo, a construção e a constante adaptação do Direito Administrativo não são capazes de acompanhar, à mesma velocidade, a dinâmica das relações surgidas entre o Estado e a sociedade, o que, não raro, conduz a uma atuação administrativa alheia à lei, à jurisprudência e, até mesmo, distante de uma maior reflexão doutrinária.

Nem sempre se tratará, nesse caso, de uma atuação ilegal ou ilegítima. A Administração, sob o argumento de ausência de disciplina normativa expressa, não pode se furtar de concretizar direitos fundamentais e de atender o interesse público. Nesse mister, deve-se sempre ter como baliza os comandos, os limites e os vetores plasmados no texto constitucional, assegurando-se, assim, a observância da uma legalidade forte – em contraposição a uma legalidade fraca, baseada, unicamente, na lei formal.[220]

---

[220] O conceito de legalidade fraca, alicerçada na lei formal, e de legalidade forte, voltada para uma concepção constitucionalista de legalidade, foram cunhados por Rosario Ferrara

É nesse quadro que se insere, hoje, os contratos de patrocínio ativo celebrados pela Administração Pública direta e indireta, nos três níveis federativos, tendo particulares como patrocinados.

Não há registros de esforço acadêmico ou doutrinário relevante em torno desse instrumento, que, tampouco, foi objeto de disciplina legal apta a conferir, minimamente, segurança jurídica às relações dele decorrentes. Coube, portanto, à jurisprudência – jurisdicional e administrativa – manifestar-se, ainda que esparsa e desordenadamente, sobre litígios e conflitos surgidos na execução desses contratos.

A celeuma, contudo, parece não estar próxima de solução. Embora o Supremo Tribunal Federal, no bojo do Recurso Extraordinário nº 574.636/SP, tenha decidido, sem repercussão geral, que o contrato de patrocínio ativo firmado pela Administração não se submete à prévia licitação, porquanto não consubstancia a prestação de um serviço, diversos outros pontos fundamentais referentes a esse contrato permanecem em uma zona cinzenta.

Esse estado de coisas ficou evidenciado quando o Tribunal de Contas da União, ao proferir os Acórdãos nºs 2.914/2015 e 2.445/2016, ambos do Plenário, reconheceu haver substancial divergência entre diversos julgamentos da própria Corte relativos à matéria, mormente no que tange ao seguinte: necessidade de prestação de contas, movimentação dos recursos repassados por meio de conta vinculada, limitação do valor do patrocínio às despesas a serem realizadas, aplicação dos recursos especificamente no objeto patrocinado, entre outros. Sobre o assunto, são representativos os seguintes Acórdãos do TCU, todos mencionados nos dois arestos da Corte de Contas retrocitados: 3.440/2014-Plenário; 2.594/2013-Plenário; 1.973/2012-Plenário; 922/2009-Plenário; 1.785/2003-Plenário; e Acórdão nº 1962/2004-2ª Câmara, mantido pelo Acórdão nº 2224/2005-2ª Câmara.

(*Introduzione al diritto administrativo: le pubbliche amministrazione nell'era dela globalizzazione*. Roma: Laterza, 2002.) e citados por Diogo de Figueiredo Moreira Neto. *Cf.* MOREIRA NETO, Diogo de Figueiredo. Novo referencial no direito administrativo: do controle da vontade ao do resultado: a juridicização dos resultados na administração pública. *Fórum administrativo – direito público*, Belo Horizonte, ano 6, n. 67, set. 2006. Disponível em: <http://www.bidforum.com.br/bid/PDI0006.aspx? pdiCntd=37401>. Acesso em: 28 ago. 2014.

Citam-se, ainda, os Acórdãos nºs 191/2016 e 2.375/2016, em que se analisou patrocínio incentivado concedido pela Empresa Brasileira de Correios e Telégrafos ao evento Rock in Rio, com fundamento na Lei Rouanet. Um dos pontos de discussão cingiu-se a analisar a possibilidade de serem patrocinados, com base na Lei Rouanet, iniciativas com claro potencial lucrativo. Embora, inicialmente, o TCU tenha se posicionado contrário a tal possibilidade, o entendimento foi alterado em sede de embargos de declaração, no sentido de se ampliar o "poder discricionário do ministério [da Cultura] na identificação dos projetos que sejam potencialmente lucrativos e autossuficientes, para os quais, portanto, deve ser evitada a autorização de captação de recursos por meio dos incentivos fiscais oferecidos pela Lei 8.313/1991".

Em relação aos Acórdãos nºs 2.914/2015 e 2.445/2016, o TCU, mesmo diante de reconhecida divergência doutrinária, furtou-se a uniformizar seu entendimento, optando por adotar solução de acordo com as características do caso concreto. Em sentido similar, no Acórdão nº 2.375/2016, restou *não recomendada* a concessão de patrocínio a iniciativas com potencial lucrativo, competindo ao Ministério da Cultura avaliar, a seu exclusivo critério, os projetos "potencialmente lucrativos e autossuficientes".

A toda evidência, a solução adotada pelo Tribunal, embora tenha posto fim à controvérsia apreciada no caso concreto, fez perpetuar o quadro de insegurança jurídica vigente. Isso fica ainda mais evidente quando se analisa o Voto proferido pelo Relator do Acórdão nº 2.445/2016-Plenário, em que restou consignada, expressamente, a possibilidade de que, no futuro, a questão fosse dirimida em sentido diverso, relativamente àquele mesmo jurisdicionado.

Tem-se, assim, o exercício do controle à revelia de um dos elementos que lhes são essenciais: o *padrão de controle*, ou seja, o critério previamente definido que será utilizado para fins de verificação da conformação do ato a ser controlado (*vide* parágrafos iniciais do Capítulo 4).

Traçando um paralelo com uma das valiosas lições de Jeremy Bentham, tem-se, nesse caso, o exercício de um controle que pode ser denominado *dog control*, em que, ausente orientação prévia, aguarda-se a concretização da conduta para, então, se aplicar a sanção. Não se estabelece, de antemão, o que se espera ou o que é vedado como conduta. Aquele que se sujeita ao controle somente apreende qual o padrão que possivelmente lhe será aplicável por meio da observação de casos concretos prévios semelhantes em que houve a aplicação de alguma sanção.[221] Qualquer atividade estatal que signifique restringir direitos, aplicar sanções ou denegar pretensões deve observar um dos princípios mais fundamentais do Estado Democrático de Direito: o princípio da segurança jurídica, cujo conteúdo é informado pela previsibilidade e pela estabilidade. Nesse contexto, "a ordem jurídica corresponde a um quadro normativo proposto precisamente para que as pessoas possam se orientar, sabendo, pois, de antemão, o que devem ou o que podem fazer, tendo em vista as ulteriores consequências imputáveis a seus atos".[222]

Os contatos de patrocínio em que a Administração Pública figura como patrocinadora padecem de nítida falta de segurança jurídica, pois, à míngua de uma disciplina normativa que seja, a um só tempo, robusta e estável, as relações jurídicas estabelecidas entre a Administração patrocinadora e os patrocinados ficam à mercê do juízo, *in concreto*, dos órgãos de controle.

A Lei nº 13.303/2016, o Estatuto das Empresas Estatais, e seu decreto regulamentador andaram bem ao prever, expressamente, a possibilidade de que empresas públicas e sociedades de economia mista celebrem contratos de patrocínio, desde que o contrato vise à consecução da finalidade social da entidade, à promoção do interesse coletivo e à promoção de atividades culturais, sociais, esportivas, educacionais e de inovação tecnológica (art. 27, §3º).

---

[221] Bentham utilizou a expressão *dog-law* para criticar o sistema de *common law*, em que a norma é criada pelos juízes no caso concreto, o que, em procedimentos reiterados, faz surgir os precedentes. Nas palavras de Bentham: *"When your dog does anything you want to break him of, you wait till he does it, and then beat him for it. This is the way you make laws for your dog: and this is the way the judges make law for you and me. They won't tell a man beforehand what it is he should not do – they won't so much as allow of his being told: they lie by till he has done something which they say he should not have done, and then they hang him for it. What way, then, has any man of coming at this dog-law? Only by watching their proceedings: by observing in what cases they have hanged a man, in what cases they have sent him to jail, in what cases they have seized his goods, and so forth"*. BENTHAM, Jeremy. Truth versus ashhurst. In: _____. *The works of Jeremy Bentham: v. 5*. Edimburgo: William Tait, 1843. p. 235.

[222] MELLO, Celso Antônio Bandeira de. *Curso de direito administrativo*. 32. ed. São Paulo: Malheiros, 2015. pp. 127-128.

Deve-se observar, ainda, no que for cabível, as normas sobre licitação e contratos, bem como o limite de 0,5% da receita operacional bruta do exercício anterior para a realização de despesa com publicidade e patrocínio (art. 93).

O Estatuto das Estatais dispõe, ainda, que o contrato dessas entidades – incluso, por óbvio, o contrato de patrocínio – regulam-se pelas suas cláusulas, pelo disposto na Lei nº 13.303/2016 e pelos preceitos de direito privado. Isso não significa, contudo, que deve haver a negação absoluta da incidência de normas e institutos de direito público, quando cabível e necessário à consecução do interesse público.

Instrumentos como a vinculação dos recursos repassados à finalidade patrocinada, a prestação de contas e avaliação dos resultados diretos e indiretos alcançados com o patrocínio são indispensáveis para se assegurar que o patrocínio cumpra o seu objetivo de promoção do interesse público e de atendimento à função social da empresa estatal. Ademais, esses instrumentos, além de aprimorarem a *accountability* da entidade, concretizam cânones constitucionais caros ao Estado Democrático de Direito, como os princípios da impessoalidade, igualdade, moralidade, probidade administrativa e eficiência, além dos vetores da legitimidade, economicidade, eficácia, efetividade.

No âmbito da Administração de direito público interno, a realidade é mais crítica. Não raro, entes da Administração direta, por intermédio de suas secretarias ou de seus ministérios, despendem vultosas verbas públicas em patrocínios de eventos de grande porte ou de grande repercussão, cujos alegados benefícios socioeconômicos ou sociomorais são considerados inquestionáveis. Contudo, tal prática, em regra, se dá à revelia de previsão legal que regule, minimamente, as fases anteriores e posteriores à contratação, bem como as obrigações das partes e a avaliação dos resultados. O gestor, nesse sentido, atua com ampla discricionariedade, sem balizas mínimas que limitem ou que orientem a formalização e a execução desse instrumento de repasse de recursos públicos ao particular.

É de sabença que um dos maiores desafios do controle da Administração, atualmente, é cambiar de uma perspectiva de regramento engessado da atividade administrativa, baseado na desconfiança dos gestores, para uma concepção em que o espectro da discricionariedade é ampliado, de modo que os gestores possam buscar resultados e objetivos mais gerais, mediante a assunção de riscos calculados e a tomada de decisões fundamentadas em desempenho.[223] Nesse sentido, reconhece-se ser indesejável, porque ineficiente e atentatório ao atendimento do interesse público, pautar, de maneira prévia e minudente, a atuação administrativa. Ademais, como já apontado, é impossível antever, de maneira antecipada a abstrata, a melhor maneira de atender ao interesse público no caso concreto – o que não constitui pretexto para uma atuação administrativa absolutamente livre.

Em sua atuação discricionária, o administrador público não está adstrito a um *trilho* preestabelecido, definidor *a priori* do conteúdo e do tempo de seus atos. A discricionariedade representa uma *trilha* que, de maneiras diversas, mas igualmente válidas, conduz o gestor à satisfação do interesse público em cada caso concreto. Por força do princípio constitucional da *legalidade*, os limites e as fronteiras dessa trilha serão sempre a lei, em sua acepção ampla.

Contudo, como exposto na presente obra, a atividade patrocinadora da Administração carece, de um lado, de norma legal geral que melhor discipline e balize a atuação administrativa e, de outro, de critérios objetivos de avaliação da efetividade desses instrumentos. Como pode o gestor, então, se municiar de informações suficientes que o conduzam, de forma bem fundamentada, a optar legitimamente pelo patrocínio de determinada iniciativa?

A toda evidência, ausentes esses parâmetros orientadores, os patrocínios são concedidos sem ser considerada qualquer projeção criteriosa quanto aos impactos potenciais; tampouco há, ao término do contrato, preocupação em se avaliarem os efetivos impactos sociais ou econômicos de patrocínios concedidos. Salvo felizes exceções, a decisão quanto à formalização ou não desses contratos – e, pois, quanto ao repasse dos respectivos recursos ao particular – é casuística e realizada sem qualquer fundamento de ordem objetiva. E o pior: a relativa falta de critérios, aliada à já mencionada falta de

---

[223] ORGANISATION DE COOPÉRATION ET DE DÉVELOPPEMENT ÉCONOMIQUES. La modernization du secteur public: modernizer la responsabilité et le controle. *Synthèses*, s/l, jul. 2005, p. 7.

transparência nos repasses, pode servir para a destinação de recursos orçamentários ou de empresas estatais à satisfação de interesses eleitorais ou político-partidários – tudo isso, frise-se, dispensado de prestação de contas.

A ausência de um melhor delineamento normativo desse tipo de contrato no âmbito da Administração Pública prejudica, também, o particular patrocinado, que, mesmo após pautar-se pela boa-fé na execução do patrocínio e das cláusulas contratuais, pode acabar alcançado pelo já mencionado *dog control*, a ser exercido pelo Poder Judiciário ou pelos órgãos de controle interno ou externo.

Por fim, verificam-se, também, prejuízos sociais de naturezas diversas. Um quadro normativo lasso ou questionável do ponto de vista constitucional pode conduzir à formalização de contratos de patrocínio que não convirjam para a promoção do interesse público ou que o intentem fazer de maneira não consentânea com o ordenamento jurídico.

Ademais, normas que fragilizam a necessidade de prestação de contas ou que permitem a transferência ilimitada de recursos ao particular, como previsto em alguns dispositivos da IN nº 9/2014, aumentam o risco de desvio de verbas públicas.

Há, por fim, prejuízo ao controle social, pois a carência de normas sobre os patrocínios ativos no âmbito da Administração Pública conduz a problemas críticos de acesso à informação quanto aos patrocinadores, valores e beneficiários.

Todo esse estado de coisas, contudo, não descaracteriza a legitimidade do instrumento. Se devidamente utilizado, de forma consentânea com o interesse público e com os ditames constitucionais que pautam a atuação administrativa e a intervenção do Estado nos domínios econômico e social, o patrocínio pode agregar à Administração Pública muitos dos benefícios buscados e percebidos pela iniciativa privada ao utilizá-lo. Para tanto, mostra-se urgente maior atenção acadêmica, doutrinária e legislativa para o assunto.

REFERÊNCIAS

ALMEIDA, Fernando Dias Menezes de. *Contrato administrativo*. São Paulo: Quartier Latin, 2015.

ALVES, Diego Prandino. Acesso à informação pública no Brasil: um estudo sobre a convergência e a harmonia existentes entre os principais instrumentos de transparência e de controle social. In: BRASIL. Controladoria Geral da União (Org.). *Prevenção e combate à corrupção no Brasil: 6º concurso de monografias da CGU: trabalhos premiados*. Brasília: ESAF, 2011, v.1, pp. 231-294.

ARAÚJO, Edmir Netto de. O direito administrativo e sua história. *Revista da Faculdade de Direito da Universidade de São Paulo*, v. 95, pp. 147-166, 2000.

ARIÑO ORTIZ, Gaspar. *Principios de derecho público económico: modelo de Estado, gestión pública, regulación económica*. Granada: Comares, 1999.

BAENA DE ALCÁZAR, Mariano. Sobre el concepto de fomento. *Revista de administración pública*, Madri, n. 54, pp. 43-85, 2000.

BARBIERO, Alberto. *Strumenti per la gestione delle sponsorizzazioni negli enti locali*. Matelica: Halley, 2004.

BAUSILIO, Giovanni. *Contratti atipici*. Pádua: CEDAM, 2014.

BENTHAM, Jeremy. Truth versus ashhurst. In: _____. *The works of Jeremy Bentham: v. 5*. Edimburgo: William Tait, 1843. pp. 231-237.

BINENBOJM, Gustavo. *Uma teoria do direito administrativo*: direitos fundamentais, democracia e constitucionalização. 3. ed. Rio de Janeiro: Renovar, 2014.

BOBBIO, Norberto. *Da estrutura à função*: novos estudos de teoria do direito. Barueri: Manole, 2007.

_____. *O futuro da democracia*: uma defesa das regras do jogo. 6. ed. Rio de Janeiro: Paz e Terra, 1986.

BONOMO, Annamaria. *Informazione e puccliche amministrazioni*: dall'accesso ai documenti alla disponibilità dele informazioni. Bari: Cacucci, 2012.

BORGER, Fernanda Gabriela. *Responsabilidade social: efeitos da atuação social na dinâmica empresarial*. 2001. 254 f. Tese. (Doutorado em Administração) – Faculdade de Economia, Administração e Contabilidade da Universidade de São Paulo, São Paulo, 2001.

BRANDÃO, Elizabeth Pazito. Conceito de comunicação pública. In: DUARTE, Jorge. (Org.). *Comunicação pública*: Estado, mercado, sociedade e interesse público. 3. ed. São Paulo: Atlas, 2012.

BRASIL. Constituição da República Federativa do Brasil de 1988. Disponível em: <http://www.planalto.gov.br/ccivil_03/constituicao/ConstituicaoCompilado.htm>. Acesso em: 17 jun. 2017.

_____. Decreto nº 3.296, de 16 de dezembro de 1999. Dispõe sobre a comunicação social do Poder Executivo Federal. Disponível em: <http://www.planalto.gov.br/ccivil_03/decreto/D3296rep.htm>. Acesso em: 17 jun. 2017.

_____. Decreto nº 6.170, de 25 de julho de 2007. Dispõe sobre as normas relativas às transferências de recursos da União mediante convênios e contratos de repasse, e dá outras providências. Disponível em: <http://www.planalto.gov.br/ccivil_03/_ato2007-2010/2007/decreto/d6170.htm>. Acesso em: 17 jun. 2017.

_____. Decreto nº 6.555, de 8 de setembro de 2008. Dispõe sobre as ações de comunicação do Poder Executivo Federal e dá outras providências. Disponível em: <http://www.planalto.gov.br/ccivil_03/_Ato2007-2010/2008/Decreto/D6555.htm>. Acesso em: 17 jun. 2017.

_____. Decreto nº 8.945, de 27 de dezembro de 2016. Regulamenta, no âmbito da União, a Lei nº 13.303, de 30 de junho de 2016, que dispõe sobre o estatuto jurídico da empresa pública, da sociedade de economia mista e de suas subsidiárias, no âmbito da União, dos Estados, do Distrito Federal e dos Municípios. Disponível em: <http://www.planalto.gov.br/ccivil_03/_ato2015-2018/2016/decreto/D8945.htm>. Acesso em: 17 jun. 2017.

_____. Decreto nº 93.335, de 3 de outubro de 1986. Aprova o Regulamento da Lei nº 7.505, de 2 de julho de 1986, que dispõe sobre benefícios fiscais na área do imposto de renda, concedidos a operações de caráter cultural. Disponível em: <http://www.planalto.gov.br/ccivil_03/decreto/1980-1989/1985-1987/D93335.htm>. Acesso em: 17 jun. 2017.

_____. Decreto nº 98.595, de 18 de dezembro de 1989. Regulamenta a Lei nº 7.752, de 14 de abril de 1989, que dispõe sobre benefícios fiscais, na área do imposto de renda, concedidos ao desporto não profissional, e dá outras providências. Disponível em: <https://www.planalto.gov.br/ccivil_03/decreto/1980-1989/d98595.htm>. Acesso em: 17 jun. 2017.

_____. Lei nº 8.666, de 21 de junho de 1993. Regulamenta o art. 37, inciso XXI, da Constituição Federal, institui normas para licitações e contratos da Administração Pública e dá outras providências. Disponível em: <http://www.planalto.gov.br/ccivil_03/leis/L8666compilado.htm>. Acesso em: 17 jun. 2017.

_____. Lei nº 10.406, de 10 de janeiro de 2002. Institui o Código Civil. Disponível em: <http://www.planalto.gov.br/ccivil_03/leis/2002/L10406compilada.htm>. Acesso em: 19 jun. 2017.

_____. Lei nº 10.683, de 28 de maio de 2003. Dispõe sobre a organização da Presidência da República e dos Ministérios, e dá outras providências. Disponível em: <http://www.planalto.gov.br/ccivil_03/leis/2003/L10.683.htm>. Acesso em: 17 jun. 2017.

_____. Lei nº 13.019, de 31 de julho de 2014. Estabelece o regime jurídico das parcerias entre a administração pública e as organizações da sociedade civil, em regime de mútua cooperação, para a consecução de finalidades de interesse público e recíproco, mediante a execução de atividades ou de projetos previamente estabelecidos em planos de trabalho inseridos em termos de colaboração, em termos de fomento ou em acordos de cooperação; define diretrizes para a política de fomento, de colaboração e de cooperação com organizações da sociedade civil; e altera as Leis nºs 8.429, de 2 de junho de 1992, e 9.790, de 23 de março de 1999. (Redação dada pela Lei nº 13.204, de 2015). Disponível em: <http://www.planalto.gov.br/ccivil_03/_ato2011-2014/2014/lei/L13019compilado.htm>. Acesso em: 17 jun. 2017.

_____. Lei nº 13.303, de 30 de junho de 2016. Dispõe sobre o estatuto jurídico da empresa pública, da sociedade de economia mista e de suas subsidiárias, no âmbito da União, dos Estados, do Distrito Federal e dos Municípios. Disponível em: <http://www.planalto.gov.br/ccivil_03/_ato2015-2018/2016/lei/L13303.htm>. Acesso em: 17 jun. 2017.

_____. Lei nº 13.502, de 1º de novembro de 2017. Estabelece a organização básica dos órgãos da Presidência da República e dos Ministérios; altera a Lei no 13.334, de 13 de setembro de 2016; e revoga a Lei no 10.683, de 28 de maio de 2003, e a Medida Provisória nº 768, de 2 de fevereiro de 2017. Disponível em: <http://www.planalto.gov.br/ccivil_03/_ato2015-2018/2017/lei/L13502.htm>. Acesso em: 24 fev. 2018.

_____. Medida Provisória nº 768, de 2 de fevereiro de 2017. Cria a Secretaria-Geral da Presidência da República e o Ministério dos Direitos Humanos, altera a Lei nº 10.683, de 28 de maio de 2003, que dispõe sobre a organização da Presidência da República e dos Ministérios, e dá outras providências. Disponível em: <http://www.planalto.gov.br/ccivil_03/_ato2015-2018/2017/Mpv/mpv768.htm>. Acesso em: 17 jun. 2017.

_____. Medida Provisória nº 782, de 31 de maio de 2017. Estabelece a organização básica dos órgãos da Presidência da República e dos Ministérios. Disponível em: <http://www.planalto.gov.br/ccivil_03/_ato2015-2018/2017/Mpv/mpv782.htm>. Acesso em: 17 jun. 2017.

_____. PRESIDÊNCIA DA REPÚBLICA. SECRETARIA DE COMUNICAÇÃO DE GOVERNO. Portaria nº 4, de 3 de fevereiro de 2000. Dispõe sobre o funcionamento dos comitês destinados ao exame e aprovação dos projetos de patrocínio cultural e esportivo de interesse do Poder Executivo Federal e dispõe sobre sua composição e funcionamento. *Diário Oficial da União*, Brasília, n. 25, 4 fev. 2000, Seção 1, p. 26. Disponível em: <http://pesquisa.in.gov.br/imprensa/jsp/visualiza/index.jsp?data=04/02/2000&jornal=1&pagina=82&totalArquivos=120>. Acesso em: 17 jun. 2017.

_____. _____. SECRETARIA DE COMUNICAÇÃO SOCIAL. Instrução Normativa SECOM-PR nº 01, de 8 de maio de 2009. Disciplina as ações dos órgãos e entidades integrantes do Poder Executivo Federal e dá outras providências. *Diário Oficial da União*, Brasília, 11 maio 2009, Seção 1, pp. 19-21. Disponível em: <http://pesquisa.in.gov.br/imprensa/jsp/visualiza/index.jsp?data=11/05/2009&jornal=1&pagina=19&totalArquivos=112>. Acesso em: 17 jun. 2017.

_____. _____. _____. Instrução Normativa SECOM-PR nº 9, de 19 de dezembro de 2014. Disciplina o patrocínio dos órgãos e entidades da administração pública federal. Disponível em: <http://www.secom.gov.br/acesso-a-informacao/legislacao/arquivos-de-instrucoes-normativas/2014in09patrocinio.pdf>. Acesso em: 17 jun. 2017.

_____. _____. SECRETARIA ESPECIAL DE COMUNICAÇÃO SOCIAL. Instrução Normativa SECOM/SG-PR nº 1, de 27 de julho de 2017. Dispõe sobre a conceituação das ações de comunicação do Poder Executivo Federal e dá outras providências. *Diário Oficial da União*, Brasília, 28 jul. 2009, Seção 1, p. 7. Disponível em: <http://pesquisa.in.gov.br/imprensa/jsp/visualiza/index.jsp?data=28/07/2017&jornal=1&pagina=7&totalArquivos=112>. Acesso em: 24 fev. 2018.

_____. SUPREMO TRIBUNAL FEDERAL. PRIMEIRA TURMA. Recurso Extraordinário nº 574.636/SP. Relatora Ministra Cármen Lúcia. Publicado em 14 out. 2011, DJe-198. Disponível em: <http://redir.stf.jus.br/paginadorpub/paginador.jsp?docTP=AC&docID=628664>. Acesso em: 17 jun. 2017.

_____. TRIBUNAL DE CONTAS DA UNIÃO. PLENÁRIO. Acórdão nº 191/2016. Relator Ministro-Substituto Augusto Sherman Cavalcanti. Publicado em 2 mar. 2016. Disponível em: <http://www.tcu.gov.br>. Acesso em: 16 jun. 2017.

_____. _____. _____. Acórdão nº 2.375/2016. Relator Ministro-Substituto Augusto Sherman Cavalcanti. Publicado em 21 set. 2016. Disponível em: <http://www.tcu.gov.br>. Acesso em: 16 jun. 2017.

_____. _____. _____. Acórdão nº 2.445/2016. Relator Ministro Bruno Dantas. Publicado em 20 set. 2016. Disponível em: <http://www.tcu.gov.br>. Acesso em: 16 jun. 2017.

_____._____. _____. Acórdão nº 2.914/2015. Relator Ministro Raimundo Carreiro. Publicado em 25 nov. 2015. Disponível em: <http://www.tcu.gov.br>. Acesso em: 16 jun. 2017.

_____. TRIBUNAL REGIONAL FEDERAL DA 4ª. REGIÃO. 3ª TURMA. Apelação Cível nº 5000830-55.2013.404.7216/SC. Relator Desembargador Federal Fernando Quadros da Silva. Relatório, Voto e Acórdão. Disponível em: <http://www.trf4.jus.br>. Acesso em: 17 jun. 2017.

_____. TRUBINAL SUPERIOR ELEITORAL. Pet 1.145 (Petição nº 0000990-17.2002.6.00.0000). Decisão Monocrática. Relator Ministro Nelson de Azevedo Jobim. Publicação no DJ em 6 ago. 2002, fl. 569, Seção 1. Disponível em: <http://www.tse.jus.br>. Acesso em: 17 jun. 2017.

BUCCI, Eugênio. *O Estado de Narciso: a comunicação pública a serviço da vaidade particular*. São Paulo: Companhia das Letras, 2015.

CAEMMERER, Barbara; DESCOTES, Raluca Mogos. The effectiveness of sponsorship in legitimacy formation: the moderating role of pre-existing satisfaction. *Advances in consumer research*, Duluth, v. 39, pp. 618-619, 2011.

CÂMARA, Jacintho Arruda. Contratos, ajustes e acordos entre entes administrativos e entidades sem fins lucrativos. In: DI PIETRO, Maria Sylvia Zanella. *Tratado de direito administrativo*. São Paulo: Revista dos Tribunais, 2016, v. 6.

CINTRA, Antônio Carlos de Araújo; GRINOVER, Ada Pelegrini; DINAMARCO, Cândido Rangel. *Teoria geral do processo*. 28. ed. São Paulo: Malheiros, 2012.

COLBERT, François; D'ASTOUS, Alain; PARMENTIER, Marie-Agnés. La commandite des arts et de la culture par le secteur privé par opposition au secteur public: qu'en pensent les consommateurs?. *Gestion*, v. 30, n. 2, pp. 10-15, verão de 2005.

CRETELLA JR., José. *Direito administrativo comparado*. São Paulo: José Bushatsky, 1972.

CROMPTON, John L. The potential contributions of sports sponsorship in impacting the product adoption process. *Managing leisure*, v. 1, pp. 199-212, 1995-1996.

DI PIETRO, Maria Sylvia Zanella. *Direito administrativo*. 26. ed. São Paulo: Atlas, 2013.

_____. *Parcerias na administração pública*: concessão, permissão, franquia, terceirização, parceria público-privada e outras formas. 7. ed. São Paulo: Atlas, 2009.

DINIZ, Maria Helena. *Curso de direito civil brasileiro*: teoria das obrigações contratuais e extracontratuais. 26. ed. São Paulo: Saraiva, 2010.

DISTRITO FEDERAL. TRIBUNAL DE CONTAS DO DISTRITO FEDERAL. PLENÁRIO. Decisão nº 6.056/2016. Relator Conselheiro Paulo Tadeu Vale da Silva. Publicada em 13 dez. 2016. Disponível em: <http://www.tc.df.gov.br>. Acesso em: 17 jun. 2017.

DUARTE, Jorge. Instrumentos de comunicação pública. In: _____. (Org.). *Comunicação pública*: Estado, mercado, sociedade e interesse público. 3. ed. São Paulo: Atlas, 2012.

ESPANHA. Ley 34/1988, de 11 de noviembre, General de Publicidad. *Boletín Oficial del Estado*, Madri, n. 274, 15 nov. 1988, pp. 32464-32467. Disponível em: <https://www.boe.es/buscar/doc.php?id=BOE-A-1988-26156>. Acesso em: 17 jun. 2017.

FERRETTI, Alessandro. *Le sponsorizzazioni pubbliche: struttura e tipologia, casi pratici, formulário*. Milão: Giuffrè, 2009.

FREITAS, Rafael Véras de. *O regime jurídico dos contratos de patrocínio celebrados pelo poder público. Revista de direito público e economia*, Belo Horizonte, ano 11, n. 43, pp. 215-234, jul./set. 2013.

GAGLIANO, Pablo Stolze; PAMPLONA FILHO, Rodolfo. *Novo curso de direito civil:* contratos: teoria geral. 6. ed. São Paulo: Saraiva, 2010.

_____; _____. *Novo curso de direito civil:* contratos em espécie. 6. ed. São Paulo: Saraiva, 2013.

_____; _____. *Novo curso de direito civil:* parte geral. 15. ed. São Paulo: Saraiva, 2013.

GALGANO, Francesco. *Dizionario enciclopédico de diritto.* Pádua: CEDAM, 1996, v. II.

GARCÍA DE ENTERRÍA, Eduardo; FERNÁNDES, Tomás-Ramón. *Curso de direito administrativo.* São Paulo: Revista dos Tribunais, 2014, v. 1.

GARCÍA NOVOA, César. Fiscalità del patrocínio di attività di interesse generale in Spagna. *Diritto e processo*, Perugia, n. 3, pp. 245-273, 2004.

GELDARD, Edward; SINCLAIR, Laurel. *The sponsorship manual:* sponsorship made easy. 2. ed. Melbourne: Sponsorship Unit, 2002.

GIACOBBE, Emanuela. Atipicità del contratto e sponsorizzazione: con particolare riguardo alla legge 6 agosto 1990 n. 223. *Rivista di diritto civile*, Pádua, v. 37, n. 4, pp. 399-433, jul./ago. 1991.

GOMES, Orlando. *Contratos.* 26. ed. Rio de Janeiro: Forense, 2009.

GONÇALVES, Carlos Roberto. *Direito civil brasileiro:* contratos e atos unilaterais. 7. ed. São Paulo: Saraiva, 2010.

ITÁLIA. Decreto legislativo 18 aprile 2016, n. 50. Attuazione delle direttive 2014/23/UE, 2014/24/UE e 2014/25/UE sull'aggiudicazione dei contratti di concessione, sugli appalti pubblici e sulle procedure d'appalto degli enti erogatori nei settori dell'acqua, dell'energia, dei trasporti e dei servizi postali, nonche' per il riordino della disciplina vigente in materia di contratti pubblici relativi a lavori, servizi e forniture. *Gazzetta Officiale*, Roma, n. 91, Serie generale, Supplemento ordinário, 19 abril 2016.

_____. CORTE DEI CONTI. SEZIONE REGIONALE DI CONTROLLO PER L'ABRUZZO. Deliberazione nº 346/2012. Disponível em: <http://www.italgiure.giustizia.it/sncass/>. Acesso em: 16 jun. 2017.

_____. _____. SEZIONE REGIONALE DI CONTROLLO PER LA LIGURIA. Deliberazione nº 11/2011. Disponível em: <http://www.italgiure.giustizia.it/sncass/>. Acesso em: 16 jun. 2017.

_____. _____. SEZIONE REGIONALE DI CONTROLLO PER LA LOMBARDIA. Parere nº 1075/2010/PAR. Disponível em: <http://www.corteconti.it/>. Acesso em: 16 jun. 2017.

_____. _____. _____. Parere nº 122/2011. Disponível em: <http://www.corteconti.it/>. Acesso em: 16 jun. 2017.

_____. _____. _____. Parere nº 160/2011. Disponível em: <http://www.corteconti.it/>. Acesso em: 16 jun. 2017.

_____. CORTE SUPREMA DI CASSAZIONE. SEZIONE III CIVILE. Sentenza n. 5086 (Cass. Civ., Sez. III, 21 maggio 1998, n. 5086). Disponível em: <http://www.italgiure. giustizia.it/sncass/>. Acesso em: 1 jun. 2017.

JORDANA DE POZAS, Luis. Ensayo de uma teoria del fomento em el derecho administrativo. *Revista de estudios políticos*, n. 48, pp. 41-54, 1949.

JUSTEN FILHO, Marçal. A contratação administrativa destinada ao fomento de atividades privadas de interesse coletivo. *Revista eletrônica de direito administrativo econômico*, Salvador, n. 37, fev./abr., 2014.

_____. *Comentários à lei de licitações e contratos administrativos*: Lei 8.666/1993. 16. ed. São Paulo: Revista dos Tribunais, 2014.

KLEIN, Aline Lícia; MARQUES NETO, Floriano de Azevedo. Funções administrativas do estado. In: DI PIETRO, Maria Sylvia Zanella (Coord.). *Tratado de direito administrativo*. São Paulo: Revista dos Tribunais, 2014.

KOTLER, Philip; LEE, Nancy. *Marketing no setor público*. Porto Alegre: Bookman, 2008.

LABARIEGA VILLANUEVA. Pedro Alfonso. Atipicidad del contrato y esponsorización o patrocinio publicitario. In: ADAME GODDARD, Jorge. *Derecho privado*: memoria del congreso internacional de culturas y sistemas jurídicos comparados. Cidade do México: IIJ-UNAM, 2005.

_____. El patrocinio publicitario: una novel figura contractual, una nueva forma de comunicar y una modalidad de la estrategia de marketing. *Boletín mexicano de derecho comparado*, México, v. 41, n. 123, p. 1343-1370, dez./2008. Disponível em: <http://www.scielo.org.mx/scielo.php?script=sci_arttext&pid=S0041-86332008000300007&lng=es&nrm=iso>. Acesso em: 14 maio 2017.

LOURENÇO, Alex Guimarães; SCHRÖDER, Deborah de Souza. Vale investir em responsabilidade social empresarial? Stakeholders, ganhos e perdas. In: *Responsabilidade social das empresas*: a contribuição das universidades. São Paulo: Peirópolis, 2003, v. 2, pp. 77-119.

MARCH, James G.; OLSEN, Johan P. Elaborating the "new institutionalism". In: RHODES, R. A. W; BINDER, Sarah A.; ROCKMAN, Bert A. (Eds.). *The Oxford handbook of political institutions*. Nova Iorque: Oxford University Press, 2006. pp. 3-21.

MARQUES NETO, Floriano de Azevedo. O direito administrativo no sistema de base romanística e de common law. *Revista de direito administrativo*, Rio de Janeiro, v. 268, jan./abr. 2015.

_____. Os grandes desafios do controle da Administração Pública. *Fórum de contratação e gestão pública*, Belo Horizonte, ano 9, n. 100, p. 730, abr. 2010.

_____; CUNHA, Carlos Eduardo Bergamini. Locação de ativos. *Revista de contratos públicos*, Belo Horizonte, ano 3, n. 3, pp. 99-129, mar./ago., 2013.

MASHAW, Jerry L. Accountability and institutional design: some thoughts on the grammar of governance. In: DOWDLE, Michael W. *Public accountability*: design, dilemmas and experiences. Nova Iorque: Cambridge University Press, 2006, pp. 115-156.

MAZZILLI, Antonio D.; MARI, Giuseppina; CHIEPPA, Roberto. I contratti esclusi dall'applicazione del codice dei contratti pubblici. In: SANDULLI, Maria Alessandra; DE NICTOLIS, Rosanna; GAROFOLI, Roberto (Coord.). *Trattato sui contratti pubblici: volume I*: I principi generali. I contratti pubblici. I soggetti. Milão: Giuffrè, 2008. pp. 460-495.

MCDONNELL, Ian; MOIR, Malcolm. *Event sponsorship*. Nova Iorque: Routledge, 2014.

MEDAUAR, Odete. *Controle da administração pública*. 3. ed. São Paulo: Revista dos Tribunais, 2014.

_____. *Direito administrativo moderno*. 20. ed. São Paulo: Revista dos Tribunais, 2016.

_____. *O direito administrativo em evolução.* 3. ed. Brasília: Gazeta Jurídica, 2017.

MELLO, Celia Cunha. *O fomento da administração pública.* Belo Horizonte: Del Rey, 2003.

MELLO, Celso Antônio Bandeira de. *Curso de direito administrativo.* 32. ed. São Paulo: Malheiros, 2015.

_____. *Discricionariedade e controle jurisdicional.* 2ª ed. São Paulo: Malheiros, 2012.

MILESKI. Hélio Saul. *O controle da gestão pública.* 2. ed. Belo Horizonte: Fórum, 2011.

MOREIRA NETO, Diogo de Figueiredo. *Curso de direito administrativo:* parte introdutória, parte geral e parte especial. 15. ed. Rio de Janeiro: Forense, 2009.

_____. Novo referencial no direito administrativo: do controle da vontade ao do resultado: a juridicização dos resultados na administração pública. *Fórum administrativo – direito público,* Belo Horizonte, ano 6, n. 67, set. 2006. Disponível em: <http://www.bidforum.com.br/bid/PDI0006.aspx?pdiCntd=37401>. Acesso em: 28 ago. 2014.

_____. *Poder direito e estado:* o direito administrativo em tempo de globalização. Belo Horizonte: Fórum, 2011.

MUSSO, Alberto. La sponsorizzazione come contratto commerciale. *Rivista di arti e diritto on line,* Bolonha, n. 2, abr./jul. 2013. Disponível em: <http://www.aedon.mulino.it/archivio/2013/2/musso.htm>. Acesso em: 17 jun. 2017.

NOVELLI, Ana Lucia Romero. Comunicação e opinião pública. In: DUARTE, Jorge. (Org.). *Comunicação pública:* Estado, mercado, sociedade e interesse público. 3. ed. São Paulo: Atlas, 2012. pp. 72-83.

OLIVEIRA, Gustavo Justino; SCHWANKA, Cristiane. A administração consensual como a nova face da administração pública no séc. XXI: fundamentos dogmáticos, formas de expressão e instrumentos de ação. *Revista da Faculdade de Direito da Universidade de São Paulo,* São Paulo, v. 104, pp. 303-322, jan./dez. 2009.

OLIVEIRA. José Roberto Pimenta. *Os princípios da razoabilidade e da proporcionalidade no direito administrativo brasileiro.* São Paulo: Malheiros, 2006.

ORGANISATION DE COOPÉRATION ET DE DÉVELOPPEMENT ÉCONOMIQUES. La modernization du secteur public: modernizer la responsabilité et le controle. *Synthèses,* s/l, jul. 2005.

OSBORNE, David; GAEBLER, Ted. *Reinventando o governo:* como o espírito empreendedor está transformando o setor público. Brasília: MH Comunicação, 1994.

PALENCIA-LEFLER, Manuel. Donación, mecenazgo y patrocinio como técnicas de relaciones públicas al servicio de la responsabilidad social corporativa. *Revista ANALISI,* v. 35, pp. 153-170, 2007.

PEREZ, Marcos Augusto. *A administração pública democrática:* institutos de participação popular na administração pública. Belo Horizonte: Fórum. 2004.

_____. A participação da sociedade na formulação, decisão e execução das políticas públicas. In: BUCCI, Maria Paula Dallari. (Org.). *Políticas públicas:* reflexões sobre o conceito jurídico. São Paulo: Saraiva, 2006, pp. 163-176.

PEREZ DEL CAMPO, Enrique. *Comunicación fuera de los medios: "below the line".* Madri: ESIC, 2002.

PRESTES, Vivianéli Araújo. A instrumentalização da atividade de fomento pelas políticas públicas e a garantia do princípio da igualdade. In: PONTES FILHO, Valmir; GABARDO, Emerson. (Coord.). Problemas emergentes da administração pública. In: CONGRESSO BRASILEIRO DE DIREITO ADMINISTRATIVO, 28, 2014, Foz do Iguaçu. *Anais....* Belo Horizonte: Fórum, 2015, pp. 537-547.

RIBEIRO, Erick Tavares. Os contratos de patrocínio com o Estado como forma de fomento ao turismo no país. *Fórum de contratação e gestão pública*, Belo Horizonte, ano 13, n. 156, pp. 23-31, dez. 2014.

RIPERT, Georges. *Aspectos jurídicos do capitalismo moderno.* Campinas: Red Livros, 2002.

RIZZARDO, Arnaldo. *Contratos.* 13. ed. Rio de Janeiro: Forense, 2013.

SANCTIS, Velia de. *Le Sponsorizzazioni:* analisi di um fenomeno. Nápoles: Liguori, 2006.

SANTORO, Pelino; SANTORO, Evaristo. *Nuovo manuale dei contratti pubblici.* Santarcangelo di Romagna: Maggioli, 2011.

SCHIRATO, Vitor Rhein. A interação entre Administração Pública e particulares nos contratos administrativos. *Fórum de contratação e gestão pública*, Belo Horizonte, ano 12, n. 138, pp. 5169, jun. 2013.

_____. *As empresas estatais no direito administrativo econômico atual.* São Paulo: Saraiva, 2016

_____. Contratos administrativos e contratos da Administração Pública: pertinência da diferenciação?. *Revista de contratos públicos*, Belo Horizonte, ano 2, n. 2, p. 177-186, set. 2012/fev. 2013.

SEVERINO, Fabio. (Coord). *Un marketing per la cultura.* Milão: FrancoAngeli, 2005.

SUNDFELD, Carlos Ari; SOUZA, Rodrigo Pagani de. As modernas parcerias públicas com o terceiro setor. In: SUNDFELD, Carlos Ari (Coord.). In: *Contratações públicas e seu controle.* São Paulo: Malheiros, 2013.

TÁCITO, Caio. Teoria e prática do desvio de poder. *Temas de direito público:* (estudos e pareceres). Rio de Janeiro: Renovar, 1997, v.1, p. 162.

USTÁRROZ, Daniel. *Direito dos contratos:* tema atuais. 2. ed. Porto Alegre: Livraria do Advogado, 2012.

VALIM, Rafael. *A subvenção no direito administrativo brasileiro.* São Paulo: Contracorrente, 2015.

VERDUGO SANTOS, Javier; OTERO ALVARADO, María Teresa. El estímulo a la participación privada en actividades de interés general: el patrocínio y mecenazgo em España ante la nueva Ley de Fundaciones. In: SEVILLA. JUNTA DE ANDALUCÍA. CONSEJERÍA DE CULTURA. *Nuevo marco legal de las fundaciones y del patrocinio y mecenazgo en España: ley de fundaciones y de incentivos fiscales a la participación privada en actividades de interés general.* Sevilha: Consejería de Cultura, 1995.

VIOLA, Luigi. (Coord.) *Studi monografici di diritto civile:* percorsi ragionati sulle problematiche di maggiore attualità. Matelica: Halley, 2007.

WALLISER, Björn; KACHA, Mathieu; DESCOTES, Raluca Mogos. Legitimizing public authorities as sponsors: an inquiry into the factors related to the perception and memorization of their sponsorship. *International review on public and nonprofit marketing*, v. 2, nº 1, pp. 51-58, jun./2005.

WEIAND, Neil George. *Kultur- und Sportsponsoring im deutschen Recht: unter besonderer Berücksichtigung urheber-, edien- ind wettbewerbsrechlichet aspekte.* Berlim: Duncker und Humblot, 1993.

WOODSIDE, Frances M. *Consumer response to sponsorship leveraged packaging: a fast moving consumer goods context.* 204 f. Tese (Doutorado em Filosofia) – University of Southern Queensland, Toowoomba, 2010. Disponível em: <https://eprints.usq.edu.au/19652/ 2/ Woodside_2010_whole.pdf>. Acesso em: 4 maio 2017.

ZÉMOR, Pierre. As formas de comunicação pública. In: DUARTE, Jorge. (Org.). *Comunicação pública:* Estado, mercado, sociedade e interesse público. 3. ed. São Paulo: Atlas, 2012.

Sítios eletrônicos

BRASIL. Acesso à informação. Disponível em: <http://www.acessoainformacao.gov.br/perguntas-frequentes/aspectos-gerais-da-lei>. Acesso em: 16 jun. 2017.

_____. IMPRENSA NACIONAL. Disponível em: <http://www.in.gov.br>. Acesso em 14 maio 2017.

_____. MINISTÉRIO DA CULTURA. Projetos incentivados. Disponível em: <http://www.cultura.gov.br/projetos-incentivados1>. Acesso em: 19 jun. 2017.

_____. SECRETARIA ESPECIAL DE COMUNICAÇÃO SOCIAL. Balanço das ações de patrocínio. Disponível em: <http://www.secom.gov.br/atuacao/patrocinio/balanco-das-acoes-de-patrocinio>. Acesso em: 1 jun. 2017.

ESPANHA. MINISTERIO DE EDUCACIÓN, CULTURA Y DEPORTE. Mecenazgo. Disponível em: <http://www.mecd.gob.es/cultura-mecd/areas-cultura/industriasculturales/mecenazgo.html>. Acesso em: 9 maio 2017.

EXAME.COM. Falido há 16 anos, Banco Nacional ainda tem marca forte. Disponível em: <http://exame.abril.com.br/marketing/falido-ha-16-anos-marca-do-banco-nacional-ainda-tem-forca/>. Acesso em: 27 maio 2017.

Esta obra foi composta em fonte Palatino Linotype, corpo 10,5
e impressa em papel Offset 75g (miolo) e Supremo 250g (capa)
pela Gráfica Laser Plus, em Belo Horizonte/MG.